MW01094662

Mérito

construyendo el país
de nosotros

ARTURO FRANCO

Copyright © Arturo Franco, 2015

Todos los derechos reservados.

ISBN: 0692404171
ISBN-13: 978-0692404171

Para las mujeres de mi vida.

Para los mexicanos que siguen creyendo:
sigamos creyendo.

ÍNDICE

Cuatro preguntas

"Los lugares más oscuros del infierno están reservados para aquellos que mantienen su neutralidad en épocas de crisis moral".

Dante Alighieri

En 2010, un profesor de la prestigiosa Escuela de Negocios de la Universidad de Harvard llamado Clayton Christensen fue elegido para dar un discurso de graduación a la clase que terminaba sus estudios ese año. La ocasión era emotiva para el lánguido y carismático profesor norteamericano, y también para sus alumnos, pues pocos meses antes había logrado vencer al mismo tipo de cáncer que le había quitado la vida a su padre. Siendo un reconocido experto en innovación, la audiencia seguramente esperaba una cátedra sobre tecnologías disruptivas que estaban a punto de amenazar el futuro de alguna industria. Pero Christensen tenía otros planes para ese día.

"Sin duda, cada uno de ustedes va a alcanzar enorme éxito en sus carreras profesionales", dijo a aquel grupo de talentosos y ambiciosos estudiantes. "Las estadísticas muestran que, en menos de 20 años, muchos de ustedes serán parte del comité ejecutivo de sus empresas, serán líderes de industrias, serán la élite de sus países y sabemos que por eso llegaron hasta aquí". Sus rostros se alumbraron con entusiasmo y orgullo. "Pero sabemos también que un gran porcentaje de ustedes, en menos de 15 años, va a fracasar completamente en sus matrimonios, va a tener muy poca relación con sus hijos y va a vivir una vida poco sana; las estadísticas también predicen que muchos de ustedes serán infelices".

Basándose en su investigación sobre industrias emergentes, Christensen pudo aplicar una serie de principios del mundo de los negocios a la búsqueda del significado y de la felicidad en la vida. Utilizó ejemplos de sus propias experiencias para explicar cómo profesionistas triunfadores pueden caer con demasiada frecuencia en las trampas que conducen a la infelicidad. Al final del discurso, uno que sembró en aquellos talentosos jóvenes una profunda reflexión, Christensen los dejó también con una importante pregunta: "¿Cómo medirán sus vidas?".

Desde que escuché esta historia y, sobre todo, tras leer el libro que tituló con esta misma pregunta, me he preguntado varias veces lo mismo. No solamente sobre mi persona, sino sobre muchos de mis compatriotas mexicanos. Y es que durante muchos años, como sabrán si siguen leyendo el libro que tienen en sus manos, he tenido la oportunidad de conocer a muchos miembros de la élite política, económica, cultural, intelectual y social de nuestro México. En esta se encuentra un montón de gente extremadamente talentosa, ingeniosa, dedicada y apasionada por el país.

Pero, ¿cómo medirán su éxito, sus logros, sus vidas? Y, más allá, ¿cómo contrastarán su eventual éxito con el fracaso de nuestra patria?

***

A los 18 años de edad, cuando tuve que tomar la decisión de qué carrera profesional estudiar, me enfrenté a lo que en ese entonces parecía el mayor dilema de mi vida. Acababa de conseguir una beca que me daba la oportunidad de entrar al Tecnológico de Monterrey, una de las más prestigiosas universidades del país, un sueño que muchos jóvenes de mi edad y mi condición social no verían cumplido. Pero, incluso valorando el enorme privilegio que tenía, no me sentía listo para decidir mi "futuro" en ese momento. La educación superior en México exige una especialización muy prematura, y es una experiencia muy distinta a la que se vive en otros países donde se tiende a ser más generalista.

En fin, tenía que decidir en cuestión de algunas semanas y no sabía por dónde empezar. Por ejemplo, recuerdo que me apasionaba el mundo de las ideas, de la psicología y la filosofía, pero también me atraía mucho la creatividad de la arquitectura y el diseño. Era bueno en matemáticas y ciencias, aunque no me veía como físico nuclear o biólogo marino; más bien, siempre me vi a mí mismo —en una especie de proyección heroica— siendo médico y salvando vidas. En fin, no tenía mucha claridad ni enfoque.

Un buen día, buscando "respuestas" en la biblioteca de mi escuela preparatoria, encontré por azar un pequeño libro de Jesús Silva Herzog escrito en 1967, llamado *A un joven economista mexicano*, que me presentó una visión de mi posible futuro contenida en una frase: "los economistas son arquitectos de naciones". No lo pensé dos veces. Había encontrado la manera de hacer compatibles todos mis intereses: entender, descubrir, construir y ayudar a mi país a gran escala. Pero de alguna manera olvidé —y, hasta hace poco que volví a leerlo, recordé— que el pequeño libro no solamente destacaba los posibles buenos usos de la ciencia económica, sino que también advertía sobre posibles malos usos que podían hacer de ella aquellos que, a través de su estudio y dominio, llegasen a posiciones de poder.

¿Habrá un momento más relevante para recordar esa advertencia?

***

"La mayor parte de nuestra infancia no se almacena en fotos, sino en ciertas galletas, luces de día, olores, texturas de alfombra", dice el escritor Alain de Botton. Y tiene razón. Yo no conservo ninguna foto de mi infancia, pero cuando mi mente regresa a las muchas semanas que pasé cada verano visitando a mis abuelos maternos en Montemorelos, Nuevo León, hay algo que me huele a rancho y a hierba quemada, y que me sabe a jugo de naranja y galletas hojarascas.

Recuerdo claramente que desde muy temprano en la mañana comenzaban a cantar los gallos y unos minutos antes del amanecer se empezaban a escuchar las escobas en las aceras, las camionetas que recogían a los trabajadores de las huertas y las campanas de la iglesia en la plazuela. A las siete de la mañana ya estaban servidas la longaniza —nunca quise preguntar qué era, pero no saben cómo se me antoja estando tan lejos— y las tortillas de maíz recién hechas. Después corría para subirme atrás en la camioneta antes de que mi abuelo me pudiera detener y platicaba ahí con un señor llamado Virgilio y un grupo de jóvenes agricultores. "El que no trabaja, no come", me dijo alguna vez sonriendo aquel señor de manos gruesas y duras y una frente carcomida por el sol. Así comenzaban los días en la huerta de mi abuelo Jesús.

Desde pequeño, mi vida ha estado marcada por el contraste entre las distintas realidades de mi país, pues el otro lado de mi árbol familiar, el lado de los Franco, vivía en un mundo completamente distinto: toda la familia tenía casas en un cónclave que construyó mi abuelo Adolfo en la Calle Agua, del Pedregal, en la Ciudad de México. Cada Navidad, que era cuando tocaba visitar a mis abuelos paternos, mi mundo se llenaba de todos los juguetes que no tenía en mi casa, de videojuegos y televisiones a color, de hermosos jardines perfectamente cortados y de casas de ladrillo rojo; de bacalao para cenar y de compras en Perisur.

Así crecí entre veranos jugando en las huertas de Montemorelos e inviernos viendo crecer a mis primos que lo tuvieron todo. Crecí, pues, entre la cultura del "que no trabaja, no come", por un lado, y la de la "ley del mínimo esfuerzo", por el otro.

¿Será por haber vivido entre este enorme contraste, que pude escribir este libro?

***

Tengo dos pestañas abiertas en mi navegador de internet. La primera es de una nota, muy reciente, sobre cómo el Fondo para la Infancia de las Naciones Unidas (Unicef) pinta el panorama actual de la pobreza y derechos sociales de los niños mexicanos. "De los 21 millones de niños, niñas y adolescentes que viven en el país, 11 millones se encontraban en 2012 en condición de pobreza, y casi 5 millones en pobreza extrema". Peor aún, la organización con sede en Ginebra también detalla que en México hay 1.5 millones de niños con desnutrición crónica. Así, cada hora de cada día se muere un mexicano por hambre. Y cada noche se duermen millones de niños con sus estómagos vacíos.

La otra pestaña tiene un editorial de la revista *Horizontal* escrito por Mario Arriagada Cuadriello, llamado *México: la riqueza del 0.1%*. Combinando de forma habilidosa datos de diferentes fuentes, nos muestra que el 0.12% más rico de la población mexicana, unas 145 mil personas, concentra el 43% de la riqueza individual total. Parados todavía más arriba en la escalera económica y social, tenemos a 2,540 individuos que poseen el 21.2% de la riqueza de México. En su texto, para rematar, Arriagada nos dice que se proyecta que el número de millonarios en México aumente en los próximos cinco años en un 59%.

Con 1.5 millones de niños muriéndose, literalmente, de hambre por un lado; y con 2 mil personas pudriéndose —figurativamente, claro— en dinero: ¿será finalmente esta una situación urgente y alarmante, incluso para estándares mexicanos?

***

La respuesta a todas estas preguntas la encontrarán en este libro que los invito a que sigan leyendo. Mi tesis es simple: los mexicanos tenemos hoy más herramientas que nunca en nuestra historia para cambiar los incentivos, las reglas, y las cualidades que exigimos a quienes otorgamos el poder. Un principio fundamental que como país debemos adoptar es el de impulsar *la cultura del mérito*, buscando que el talento, la honestidad, la dedicación, la consciencia social y el rigor moral vuelvan a ser los pilares de nuestro liderazgo público. En base al mérito podemos replantear una parte de nuestro propósito nacional: el de mover a todas las personas de la dependencia a la independencia, de la impotencia a la agencia personal, del clientelismo a la eliminación de todas las formas de privilegio indebido.

La construcción de una nueva sociedad basada en la *cultura del mérito* es una tarea posible y deseable para sacar adelante a México. Como verán, la alternativa es quedarnos atrapados en esta especie de neocolonialismo en que vivimos, bajo el yugo de la *cultura del privilegio*. Y es que, mientras el poder político en México se siga repartiendo únicamente entre un grupo selecto, y basado en la complicidad y el compadrazgo a gran escala; mientras las ganancias privadas sigan dependiendo de las dádivas del gobierno, de actividades ilegales y deshonestas y del control de los mercados; mientras el éxito de las personas dependa más de alianzas, relaciones y herencias que de sus propias capacidades, talentos y esfuerzos, las posibilidades de un desarrollo más justo para nuestra sociedad se esfumarán como lo han hecho ya demasiadas veces en el pasado.

Pero antes de entrar más en materia, me gustaría mencionar a algunas personas que merecen todo mi reconocimiento. Con Mariana Franco y Stefan Jansen tuve una larga y muy valiosa reflexión. Philipp Müller, Mateo Bird y Raúl Abreu Lastra me ayudaron a orientar y profundizar mi tesis. Debo agradecer también a un grupo de personas que en muy poco tiempo se convirtió en uno de los mejores equipos de trabajo que he formado en mi vida. Erika Barros Sierra estuvo ahí desde el inicio para confabular y ayudarme a terminar el primer texto. Sofía Pámanes Pérez le ha dado color y forma gráfica al mensaje de este libro. Lupita Valdez, María Jesús Sánchez y Matías Reeves multiplicaron los esfuerzos de investigación y me apuntaron a nuevas ideas y ejemplos que no tendríamos si no fuera por su labor. Tuve el enorme privilegio de trabajar con Miguel Ángel Vargas en este libro, a quien había estado siguiendo desde sus años en Grupo Expansión y a través de ADN Político, y quien aceptó ser mi editor. Debo agradecer también a Elizabeth Treviño, quien con gran precisión y conocimiento del idioma que compartimos hizo milagros con este texto.

Last, but not least —para que me entienda mejor mi güerita— debo agradecer a Katherine Tweedie. A ti, mi compañera de mil batallas, mi mejor amiga y la hermosa mamá de nuestra Sofía, quiero decirte que mi cariño, respeto y admiración por ti sigue creciendo cada día. Gracias por escuchar atentamente, día con día, mis pequeños avances, conexiones, dudas y conclusiones mientras las iba formulando. Gracias también por darme el espacio y por la paciencia que tuviste para permitirme terminar este libro. Tu liderazgo profesional, tus enormes hazañas en el terreno deportivo, tu pasión por África y tu lucha incansable por el bien de su gente, me han enseñado a medir mi propia vida de manera diferente. Como el gran *Madiba*, a quien tú me presentaste, he comprendido que aunque el éxito profesional se mide en sueldos, títulos y posiciones, el legado de nuestras vidas se mide de otra manera.

El mayor mérito posible es trascender en los demás con el buen ejemplo.

Ciudad de México, abril, 2015

CAPÍTULO UNO

Tres promesas

"Algo se está quebrando en todas partes", decías, en uno de tus poemas.
¡Ay, José Emilio!: ¿Qué hemos hecho de nuestra patria impecable y diamantina?

Fernando del Paso

Dos automóviles de la misma marca, modelo y color son estacionados en dos barrios distintos. El primero lo dejan en el Bronx, una zona pobre y conflictiva de Nueva York, que podría compararse con la colonia Independencia en Monterrey, o con la zona de Tepito en la Ciudad de México. El segundo lo estacionan en una calle tranquila, segura, en el afluente barrio de Palo Alto, California. Con sus enormes propiedades, lujosos restaurantes, hoteles y campos de golf, podríamos comparar esta zona con Valle de Bravo o el desarrollo de Malinalco en el Estado de México. Dos autos idénticos, abandonados en dos barrios con poblaciones muy diferentes, uno más como Tepito y otro como Malinalco, dieron comienzo a uno de los experimentos de psicología social más conocidos de la historia.

Como era de esperarse, el auto que dejaron en Tepito comenzó a ser vandalizado en pocas horas. En un par de días, ya habían desmantelado, robado y destruido todo lo que había en el coche. El auto de Malinalco seguía intacto. ¿Por qué la diferencia en resultados? La respuesta era evidente, contundente, incuestionable. Claramente se podía concluir que la pobreza, la inmoralidad y la poca cultura de la legalidad de la gente de Tepito eran la causa del ataque. Pero el experimento no terminó allí. A la semana, cuando el primer auto ya estaba deshecho y el segundo seguía impecable, los investigadores hicieron algo inesperado y sutil: rompieron un vidrio del auto de Malinalco.

Para sorpresa de todos, en unas cuantas horas se desató el mismo proceso que en Tepito: robo, violencia y vandalismo. El auto de Malinalco quedó igual que el de Tepito. Al final, en ambos casos, un vidrio roto en un auto abandonado transmitiría la misma idea de deterioro, desinterés y despreocupación. Con cada acto de vandalismo se fueron rompiendo los códigos de convivencia; con cada nuevo ataque se fue fortaleciendo la sensación de ausencia de ley, de normas, de reglas. Cada siniestro que sufría el auto, reafirmaba y multiplicaba esa cultura, hasta que la escalada se volvió incontenible, desembocando en una violencia irracional.

México está quebrado, dice Fernando del Paso. La patria esa que fue, para algunos, impecable y diamantina, hoy se siente así: como un auto abandonado, deshecho, desfalcado. Por todos lados parece que las cosas se están deteriorando. Y lo peor es que nuestra capacidad de asombro, de indignación y de coraje ante la situación actual, poco a poco se ha ido perdiendo, se ha ido desvaneciendo. Nadie recuerda cuándo ni quién rompió el primer vidrio, pero tampoco importa ya. El país está hecho trizas y estamos como anestesiados entre la resignación y la indiferencia.

Cada día sabemos más y por eso se hace cada vez más difícil tratar de enumerar todos nuestros males. Muchos lo han intentado en años recientes, muchos otros lo harán, pero en general ya todos los conocemos. De hecho, los grandes problemas que, por décadas, viene cargando nuestro México en su espalda parecen estar claramente documentados, sobrediagnosticados y bien entendidos. Dudo que haya otro país del cual se escriba tanto, se hable tanto, se descubra y se demuestre tanto sin que pase nada; o casi nada. Ese es nuestro México quebrado.

Yo sé que algunos cínicos, y cada día encontramos más de estos en nuestro país, ya están pensando: qué flojera con este compadre. Confieso que en ocasiones me he sentido tentado a reaccionar así cuando alguien se pone melodramático y se queja de lo mal que estamos estos días. "¿En realidad piensas que estamos peor hoy que en los setenta años del PRI?",

"¿crees que estamos peor que cuando Fox decía sus babosadas y tenía que salir a traducir su vocero?", "en 2012 al menos no tuvimos al AMLO plantado en la Ciudad de México, ¿eso no es estar mejor que en 2006?". Cierto. Para algunos, México nunca ha estado mejor; ya hablaremos de ellos.

Pero hay algo que sí está peor que nunca: la esperanza. Y es que cuando el mismísimo representante de Dios en la tierra, cuando menos para los católicos, le dice en una carta a su hermano que en México "la cosa está de terror" algo debe tener de cierto, ¿no? Y, bueno, si no le queremos creer al papa Francisco —quien, por cierto, ha sido un férreo crítico de la injusticia no solo de nuestro país sino de muchos más, incluyendo su natal Argentina— entonces creámosle a las encuestas. La verdad se fortalece cuando la ciencia apoya lo divino.

Mientras escribo esto, a mediados del año 2015, diversas encuestas muestran que para la mitad de los mexicanos la economía del país, la seguridad, la política y su bienestar personal han empeorado durante los últimos años. Viendo hacia adelante, solo dos de cada cinco mexicanos creen que el futuro será mejor. Quizá esta perspectiva tan negativa sobre el presente y el futuro sea la razón por la que parece ya no interesarle la política a la sociedad mexicana. El abstencionismo en las elecciones presidenciales ha ido incrementándose desde 1994, pasando de uno de cada cinco votantes registrados, a uno de cada dos. Y ni hablar de las contiendas legislativas: en esas no votan ni las mamás de los candidatos.

Es posible que, para el momento en el que este libro llegue a sus manos, querida lectora y querido lector, todo haya mejorado. Es posible que el país le haya dado la vuelta a su estancamiento actual, a la violencia, a la injusticia, y que las famosas reformas de las que venimos hablando durante años hayan, por fin, rendido frutos. Es posible, sí, pero es poco probable. Dados los acontecimientos que, durante varias décadas, han desencadenado en esta crisis actual, incluso una mejora notoria en todos estos ámbitos no nos llevaría de lleno al optimismo y la felicidad.

Como trataré más adelante, el tema de la desilusión que tenemos como sociedad no es reciente. Llevamos décadas, incluso siglos, lidiando con una creciente frustración colectiva. Las pocas señales de mejora y, de esas, las pocas que perduran perecen no levantar mucho los ánimos. La relación entre la sociedad y el gobierno en México se parece cada vez más a un matrimonio disfuncional. Somos una pareja cansada que no recuerda el porqué ni el cuándo empezó todo; que no piensa en el futuro. Somos un matrimonio deshecho, el de la agresividad pasiva, de los reclamos de antaño, el de las promesas incumplidas.

Tres promesas

Mi primer recuerdo de un México feliz, de un país que se sentía fuerte, sólido, optimista, viene del principio de los noventas. Yo apenas pasaba la altura para subirme a los juegos de Reino Aventura, pero me acuerdo muy bien del comercial del programa *Solidaridad*. El presidente Salinas había reunido a la cúpula política, económica y sindical y, un poco a la manera del *New Deal* en Estados Unidos, orquestó un gran acuerdo nacional. La idea era que el país tenía que modernizarse y para hacerlo no había mejor forma que ponerlo en un nuevo camino: el de la liberalización y la apertura económica. La promesa era enorme. México, a través de las privatizaciones, las reformas y la competencia con el exterior, iba a crecer más. Los frutos de este crecimiento se iban, finalmente, a distribuir entre más personas, con mejores empleos y mejores salarios. El desarrollo estaba, como muchos creyeron en ese entonces, a la vuelta de la esquina.

Veinte años después de la entrada en vigor del famoso Tratado de Libre Comercio (TLC) para América del Norte, la realidad nos pinta un panorama muy distinto. Ninguna de las promesas de los muchos beneficios de ese tratado con Estados Unidos y Canadá se terminó por cumplir. Y aunque hay mucho qué debatir en torno a los efectos que este experimento económico y social pudo tener en ciertos sectores —y aunque personalmente creo que la competencia internacional es un excelente incentivo para mejorar la productividad de un país, para impulsar la creatividad y para abrir nuevas oportunidades—, el TLC terminó concentrando en menos de una docena de industrias la mitad de lo que vendemos como país. La diversificación de mercados fue nula, nuestras exportaciones siguen dependiendo de la economía norteamericana y cada vez usamos más y más insumos importados de China. La teoría de David Ricardo no dio fruto en territorio azteca.

Por el otro lado, la venta de un buen número de empresas estatales tampoco trajo beneficios netos a la mayoría de los mexicanos. El saldo final de ambas políticas neoliberales y, más que nada, de la forma perversa en que fueron implementadas, es claramente negativo: el país no creció, la productividad se estancó, la pobreza no se movió, el campo se murió, la gente tuvo que seguir emigrando. En fin, terminamos como el perro de las dos tortas. Pero muy a pesar del evidente fracaso, en todos estos años, a través de dos transiciones políticas, el dogma siguió siendo el mismo: la ruta hacia el bienestar, el progreso, el desarrollo, es la ruta del mercado. *Ellos*, los que nos han gobernado desde el final de los ochenta hasta la segunda década del nuevo siglo, siguen convencidos de esto.

Para *ellos*, las decisiones privadas son moralmente y económicamente superiores a la acción pública y colectiva, en casi cualquier ámbito, en casi cualquier situación. Para *ellos*, la estabilidad macroeconómica es un fin en sí mismo, algo que debe celebrarse aunque el ingreso de los mexicanos no avance. "No crece pero al menos es estable", dicen. Para *ellos*, la inflación es más importante que el empleo. Para *ellos*, la justicia social y la búsqueda de equidad es un objetivo secundario, es una consecuencia más que una causa, es un costo en lugar de una inversión. Para *ellos*, es mejor dejar que el mercado solucione todo.

Y ya que volvemos a hablar de ellos, los que toman decisiones de trascendencia nacional, los que concentran el poder político y económico, ¿cómo les fue a ellos en estos treinta años? La respuesta es tan clara como el fracaso del modelo que nos impusieron: les fue muy bien. Las privatizaciones y la apertura comercial no generaron competencia en el país, pero sí sentaron las bases para formar una generación de multimillonarios que, en poco tiempo, compartiría espacios con los hombres más ricos del planeta. México pasó de tener una sola familia en la lista de Forbes en 1987 —los Garza Sada de Nuevo León—, a tener 19 este año. En dos décadas, México creó también al hombre más rico del mundo: Carlos Slim.

El 2 de julio del año 2000 es un día que jamás voy a olvidar. Para ese entonces yo ya era más consciente de la realidad, justo a la mitad de mis estudios de carrera en el Tecnológico de Monterrey. Además, siendo presidente de los alumnos de Economía y miembro del Consejo Estudiantil del Tec, me había tocado vivir esa elección presidencial muy de cerca. Antes de que en mayo de 2012 abuchearan a Enrique Peña Nieto en la Ibero, el Tec de Monterrey fue la primera casa de estudios superiores en convocar a todos los candidatos a la presidencia y tuve la fortuna de ayudar a organizarlo. En esos tiempos, en el país se sentía nuevamente una energía muy positiva. Por primera vez parecía que cualquiera de los candidatos tenía oportunidades reales de ganar. Por primera vez sentimos que, como ciudadanos, podíamos debatir sus cualidades y defectos abiertamente. Por primera vez, en las presentaciones públicas como las que tuvimos en el Teatro Luis Elizondo, en las muy amenas entrevistas que dieron al programa de Adal Ramones, en sus spots y en los debates oficiales, parecía que estábamos viendo una verdadera competencia. En el centro de todo, Vicente Fox, un vendedor de Coca-Cola que saltó —o, más bien, asaltó— a la política, nos prometía expulsar a las "tepocatas, alimañas y víboras prietas del pasado".

Finalmente llegó esa noche, con encuestas de salida y resultados preliminares, y el presidente Ernesto Zedillo, en uno de esos gestos de gran estadista que poco se han visto en tiempos recientes, apareció ante los mexicanos aceptando la derrota del PRI. Recuerdo las calles de Monterrey y la Macroplaza llenas de gente celebrando la victoria. La de Fox, por supuesto, pero más que nada, la de *nosotros*, los ciudadanos. La democracia había llegado y una nueva promesa estaba por cumplirse: un nuevo partido, un nuevo presidente, un nuevo país. Para ser sincero, yo voté por Gilberto Rincón-Gallardo pues me gustaba la idea de un partido social demócrata en México. Pero igual celebré ese triunfo como si no hubiera mañana. Y, otra vez, no hubo.

¿Por qué no se dio el cambio que nos prometieron? "El elemento clave en la victoria de Vicente Fox proviene del hecho de ofrecer una transición política pacífica y sin conflicto", dice Luis Rubio, en el recuento que hace de los primeros años de la administración foxista. Por esta razón, el método que utilizó Fox para construir su gabinete no se basó en la idea de tener un gobierno efectivo, sino en la necesidad de mantener a los distintos intereses cerca. "Estos cambios crearon oportunidades para el desarrollo de una vida democrática que hasta hace pocos años era inconcebible. También nos enfrentan al extraordinario reto de desarrollar un nuevo sistema político enfocado al beneficio del ciudadano individual —hasta la fecha, un concepto ajeno a la cultura política de México—".

En otras palabras —y aquí estoy tratando de descifrar lo que nos dice el director del CIDAC— pareciera que el mayor beneficiario de las elecciones de 2000 fue la clase política misma, pues la llegada del pluralismo y esa nueva vida democrática trajo un mundo de oportunidades; claro, oportunidades para *ellos*. ¿Y nosotros los "de a pie"? Parece que nosotros tenemos que desarrollar un nuevo sistema político, pues "esa idea de beneficiar al ciudadano es ajena a nuestra cultura política", dicen *ellos*. Y así, quince años después de la primera transición presidencial, podemos ver cómo vino y se fue la segunda gran promesa de las últimas décadas en México, la promesa de una democracia funcional y efectiva. La promesa del cambio y del fin de los bichos y las serpientes. La promesa de una clase política que trabaja para *nosotros*.

La tercera gran promesa incumplida en México es más reciente y mucho más compleja: la promesa de la seguridad. Sin duda alguna, la delincuencia y la inseguridad pública constituyen los mayores retos de nuestro país. Sumado a ello, el auge del narcotráfico durante la última década, a pesar o por consecuencia de la famosa "guerra contra el narco" del presidente Felipe Calderón, ha demostrado una y otra vez que las estructuras de seguridad, de inteligencia y de justicia se encuentran sobrepasadas. Al asumir la presidencia en 2012, Enrique Peña Nieto también prometió restaurar el orden en un país agobiado por la violencia del narcotráfico. Llegando casi a la mitad de su mandato, hoy México sigue siendo más inseguro que nunca. Algunas entidades federativas tienen las mismas tasas de homicidio que los países africanos más violentos. En 2014, siete de cada diez mexicanos decían sentirse inseguros, mientras uno de cada tres comercios dijo ser víctima de algún delito.

Tres grandes promesas, en tres décadas distintas, y el país sigue estancado, con bajo crecimiento y sin grandes disminuciones en la tasa de pobreza, con una creciente decepción de la vida democrática y de la política, y con una serie de graves problemas que se han sumado a nuestras vidas: violencia, inseguridad, delincuencia organizada. Así, mientras la mayoría de los mexicanos nos preguntamos: ¿qué le pasó a nuestro país?, *ellos*, los que nos gobiernan, los que detentan el poder, tratan constantemente de convencernos de que México en realidad está mejor, que es ya un país de clase media, que la democracia sí funciona, que esta guerra era necesaria, que todo ha mejorado. *Ellos* celebran, cada vez que pueden, todas esas promesas del pasado, en parte porque hay muy poco qué celebrar en el presente, en parte porque a ellos sí les fue bien.

Y cada seis años, durante la contienda presidencial, vienen a prometernos, nuevamente, que vamos a estar mejor. De esto surge un enorme desencanto nacional, como nos cuenta Juan Pablo García Moreno.

El desencanto de Juan Pablo

Juan Pablo García Moreno
"Todo mal: vivir el desencanto"
El supuesto, marzo de 2015

Resulta difícil buscar material nuevo para escribir sobre la realidad del país, y no porque resulte difícil encontrarlo —sino precisamente por lo contrario—. La lectura diaria de los eventos nacionales, es decir, la normalización de la abyección, la cotidianeidad del desastre, la trivialización del escándalo, son razón y origen de una pesadumbre difícil de asir.

Resulta difícil, la escritura, porque no pasa una semana —más aún: un día— sin que salga a la luz, sin mayor vergüenza, un signo más de lo ominoso. Y alzar la voz o levantar el dedo, señalar o volver a subrayar lo previamente señalado, parece haber perdido todo sentido. Sean de carácter general —como los lugares comunes de "carencia de voluntad política"—, sean de carácter especializado —como las recetas institucionales que buscan cambios focalizados—, las palabras vuelan en el vacío, para que, sin ningún tipo de eco, vuelvan al silencio.

Vivimos, pues, el desencanto. Porque el mismo desasosiego que se siente al tratar de escribir es congruente con el despertar todos los días con señales novedosas del desastre. Un desencanto que obliga a desconfiar de cualquier señal de optimismo, sea oficial o no, y verla con recelo; puesto que en el mejor de los casos corresponde a ingenuidad y candidez, y en el peor es producto de agendas ocultas, verdades a medias: simples mentiras.

¿Qué razón encontrará para votar el elector en las próximas elecciones? ¿Cómo decidir entre la frivolidad oficial o la incompetencia opositora? ¿Cómo creer en plataformas electorales cuando decisiones indecibles son tomadas en función de las élites partidistas? El riesgo se aclara: el malestar del desencanto abstracto, generalizado, inasible, puede encontrar un enemigo concreto en los partidos políticos y manifestarse a través del abstencionismo. Lo que —sabemos— sería infructuoso.

Pero hay un riesgo mayor, y no del todo disparatado: que nuestro desencanto abstracto encuentre su origen en la transición democrática. Resulta paradójico, pero acaso la decepción democrática alimente las pulsiones autoritarias de no pocos. Y surgirá la idea de combatir el fuego con fuego.

Uno lo lee y piensa que es cosa de risa, pero apenas hace unas semanas un millón de personas se manifestaron en las calles de Brasil —otro régimen desencantado— exigiendo la renuncia de Dilma Rousseff —algunos de ellos pedían la intervención del Ejército—.

Llegará el punto, me gustaría creer, en que las élites partidistas caigan en cuenta de la imperiosa necesidad de dar una salida institucional a nuestro desencanto. Es difícil conceder que puedan pensar más allá de sus cálculos electorales, pero el riesgo es real. Y no hay razón para ser optimista.

Una crisis de confianza

La experiencia de estos años, sin embargo, no solo ha sido de una disfunción gubernamental, sino de algo mucho más profundo. En la víspera de su segunda visita al Reino Unido para celebrar el comienzo del año dual, el presidente Enrique Peña Nieto dijo durante una entrevista reciente: "México está plagado de incredulidad y desconfianza". Tiene razón, pero la desconfianza va más allá del gobierno, de las élites partidistas, del sistema político. Entre 2013 y 2014, prácticamente todas las instituciones —desde los sindicatos, hasta la policía o la Iglesia; desde las cadenas de televisión y radio a las universidades—: todas han perdido confianza pública. La razón es obvia: todas estas instituciones, de algún modo u otro, nos han fallado en los últimos años. Este desencanto que vivimos como sociedad es un fenómeno generalizado.

No hacen falta muchos ejemplos para reconocer el deterioro de casi todos los pilares de la sociedad moderna. Pensemos en los empresarios, quienes por muchos años fueron promotores del progreso y la justicia social, que han perdido el prestigio que tenían tras verse envueltos en escándalos de evasión fiscal, conflictos de interés y prácticas que van en contra de la libre competencia. Las universidades públicas, bastiones del desarrollo científico, educativo y cultural, han visto todo tipo de escándalos en sus aulas, desde la corrupción interna, hasta su participación en simulaciones y desvíos de recursos públicos para el beneficio de los funcionarios involucrados.

Los medios de comunicación también han perdido la confianza ciudadana. Por un lado, ha quedado en evidencia que las grandes cadenas de televisión han intervenido directamente en procesos electorales y políticos, una afrenta a la democracia. Además, según el diario *Reforma*, Televisa y TV Azteca han tenido más de una docena de senadores y diputados en las famosas "telebancadas", con el objetivo de encausar cualquier iniciativa de ley que las afecte. Por su parte, las cadenas de radio, históricamente independientes y plurales, han perdido autoridad moral también; como se vio, por ejemplo, en el reciente caso de la controversial salida de la periodista Carmen Aristegui de la cadena MVS.

La Iglesia enfrenta una importante crisis moral en México tras diversas revelaciones de violación de votos de castidad, de abuso sexual y de pedofilia. El caso de Marcial Maciel, encontrado culpable no solo de abusos contra menores sino también de otros actos inmorales, es emblemático. Por último, incluso el Ejército mexicano, una de las instituciones que a través de estos difíciles años había mantenido los más altos niveles confianza social, se ha visto afectada por los espantosos episodios de violencia en Tlatlaya y Ayotzinapa.

Y así, mientras sigue avanzando esta crisis de confianza, el gran desencanto nacional pasa de un partido a todos los partidos, del Poder

Ejecutivo a todos los poderes, del nivel federal a todos los niveles de gobierno, del sector público a todos los sectores, de un par de instituciones a casi todas, de un puñado de políticos a casi todos. En México hemos visto, una y otra vez, cómo el pequeño grupo de personas que hemos empoderado para tomar decisiones por nosotros termina priorizando su beneficio personal. Hemos visto a un pequeño grupo de empresarios multiplicar su riqueza, en parte a expensas del pueblo. Hemos visto a los representantes de los trabajadores, a los líderes sociales y religiosos, incluso a algunos intelectuales y académicos, venderse al mejor postor sin mayor apuro.

Detrás de esta crisis de confianza se suscita un fenómeno mayor: la crisis moral de toda una élite. Y es que el sistema actual es un reflejo fiel de este fracaso moral de la élite que lo ha construido. Un sistema que atrapa a personas con buenas intenciones y libera malintencionados. Un sistema que entierra las mejores cualidades de las personas y premia las malas conductas. Un sistema que cambia las leyes a su antojo y se otorga inmunidad ante las mismas. Un sistema que, al no lograr reformarse desde adentro, se aleja más y más de lo que la sociedad quiere y merece. Un sistema que ha recibido muchos nombres —corrupto, clientelar, nepotista—, pero que lleva un solo apellido: fracasado.

La solución

El 17 de junio de 1953 se produjo la primera insurrección popular dentro del imperio soviético que emergía de la Segunda Guerra Mundial. Todo comenzó con una pequeña protesta de jóvenes estudiantes y obreros que se enfrentaron a tanques de guerra en las calles de Berlín, en Alemania del Este. El gobierno acababa de tomar una serie de medidas drásticas para aumentar la productividad y tratar de escatimar las enormes dificultades económicas del país. ¿Qué medidas tomaron? Aumentaron los impuestos y los precios de algunos productos básicos y recortaron el presupuesto de algunos programas sociales. Cualquier parecido a la realidad de México es mera coincidencia.

Pero la mayor causa de descontento no eran las políticas de austeridad, sino la corrupción y prepotencia de quienes tenían el poder. "La hipocresía y el oportunismo florecían por todas partes", recuerda Peter Bruhn, entonces un joven estudiante de la Universidad Humboldt; "el partido había creado una selecta aristocracia, inocente del crimen nacional". La rebelión fue aplastada por la fuerza pública y el gobierno prometió entonces "redoblar esfuerzos y no escatimar sacrificios" para "recuperar la lealtad y confianza del pueblo". Al día siguiente, las manifestaciones se extendieron a todos los centros industriales y las grandes ciudades del país. ¿Su bandera? "La renovación del sistema, el partido y la sociedad alemana". Al poco tiempo, con la intervención de tropas soviéticas, las manifestaciones fueron aplastadas por la fuerza pública.

Tras la brutal represión por parte de las autoridades comunistas de la República Democrática Alemana, Bertolt Brecht, el famoso poeta, director teatral y dramaturgo alemán, escribió un breve poema llamado: "La solución". En este poema, Brecht se pregunta retóricamente, y muy probablemente a manera de sátira, si la mejor solución para recuperar la confianza y la lealtad no sería que el gobierno de Walter Ulbricht disolviera al pueblo y eligiese uno nuevo. Tomando en serio esta idea prestada y aplicándola al gran desencanto que discutíamos en el contexto mexicano, ¿no sería más simple disolver nuestra élite y elegir otra?

Cambiar a nuestra élite es una tarea difícil. Como escribe Carlos Bravo Regidor en *La rebeldía de las élites*, primero porque no nos tienen miedo. A nuestra élite nada la inquieta, nadie la amenaza. Saben que, pase lo que pase, a *ellos* no les pasa nada —más que en algunos casos aislados—. Nuestras élites han logrado construir un régimen en el que, de acuerdo al profesor del CIDE, "no están obligadas a rendirle cuentas a nadie. Son ellas las que exigen, pero no hay instrumentos para que ellas sean exigidas".

"Seamos realistas", dice Bravo Regidor, "todas las sociedades han tenido, tienen y tendrán siempre sus élites. La diferencia estriba en las exigencias que les imponen, en el escrutinio al que las sujetan, en el miedo que saben infundirles para que su comportamiento sea digno, para que no abusen y, si abusan, para que sean ejemplarmente sancionadas. Rescatar el proyecto democrático en México pasa por crear y ejercer controles efectivos que sometan a nuestras élites en rebeldía". Añadiría yo que, más que al proyecto democrático, hay que rescatar al proyecto de nación.

Para recuperarnos de los daños que han causado el gran desencanto y la crisis de confianza, para recuperar nuestro rumbo, la sociedad mexicana debe reencontrarse, reinventarse. Es un proceso complejo, pero uno que afortunadamente ya comenzó. Este libro propone un método, una manera distinta de entender nuestro pasado, para volver a encontrarnos como sociedad y, por último, decidir qué es lo que buscamos en el futuro. La idea es muy sencilla: si queremos cambiar al país, si queremos cambiar el sistema, tenemos que reemplazar a nuestra élite. No disolviéndola, como propone Brecht, sino por medio de un nuevo proceso de selección.

Como veremos más adelante, los mexicanos tenemos hoy más herramientas que nunca en nuestra historia para hacerlo. Usando el poder que nos da la información, la conectividad tecnológica, la ciudadanía democrática, la educación y la consciencia individual, podemos cambiar los incentivos, las reglas y las cualidades de aquellos a quienes otorgamos el poder. Y para esto el principio fundamental es impulsar la cultura del mérito. El objetivo final es encontrar un nuevo propósito nacional.

CAPÍTULO DOS

Mérito y privilegio

Malditos aquellos que con sus palabras defienden al pueblo
y con sus hechos lo traicionan.

Benito Juárez

A lo largo de su vida, Benito Juárez luchó incansablemente en contra de los privilegios de la aristocracia y a favor de los valores republicanos. En 1865 recibió un reconocimiento del gobierno de Colombia por "su constancia en defender la libertad y la independencia de México". Con este galardón le otorgaron también el título que lo acompañaría para la posteridad: Benemérito de la Américas. La palabra "benemérito", de origen romano, se traduce literalmente como "lo bien ganado" y se refiere a un mérito, a un logro. La palabra "mérito" viene del latín *meritum*, que significa ganarse, merecer o hacerse digno de algo. La vida de Benito Juárez es el epítome del mérito pues fue alguien que, teniendo orígenes humildes, con base en esfuerzo y dedicación se ganó el reconocimiento del mundo entero.

Sería interesante saber cuántos niños y jóvenes cercanos a convertirse en ciudadanos activos conocen a fondo la historia de mérito, dedicación y amor a la patria enmarcada en la vida de Benito Juárez. Sería interesante saber también si estos entienden la diferencia entre mérito y privilegio y, más allá, entre esfuerzo y oportunismo. En 2006, al celebrar doscientos años de su nacimiento, el Senado le dedicó a Juárez una sesión solemne a la cual acudieron el presidente Vicente Fox y diversos dignatarios extranjeros como invitados. Este año, en una sesión en el Senado que tenía igual propósito, no hubo quórum, nadie asistió. Sería interesante saber si nuestra élite se acuerda de Juárez. Yo tuve la suerte de aprender sobre Benito Juárez desde muy chico y lo traigo muy presente en estos días.

A principio de los años ochenta, Torreón era una especie de oasis en medio del desierto que comparten Coahuila y Durango. La perla de La Laguna era una ciudad tranquila, orgullosa, sencilla. Mi infancia allí, en aquellos tiempos donde todavía se podía ser niño y salir a jugar en las calles, fue una combinación de distintos mundos y realidades que hoy se mezclan en mi memoria. Aunque mis padres no tenían mucho dinero, con apoyo de mi abuelo tuve la oportunidad de estudiar en uno de los mejores colegios de la ciudad, el Colegio Americano. Ahí me formé, hice entrañables amigos y pude sentar las bases académicas y deportivas que más tarde me abrirían otras puertas, otras oportunidades.

Pero hay una historia en particular que recuerdo de esos primeros años y que me tomó mucho tiempo apreciar en su totalidad. Tendría yo unos seis años cuando una maestra le hizo una petición a mi madre. Se acercaba el 21 de marzo y la maestra quería que, para el siguiente "saludo a la bandera", mi hermano Adolfo y yo interpretáramos a Benito Juárez frente a cientos de alumnos congregados, como era la costumbre de cada lunes. La verdad, era una excelente idea escogernos: siendo gemelos idénticos, uno podría ser Benito, el pastor; y el otro, Benito, el presidente. No recuerdo quién tomó la decisión de cuál Benito seríamos cada uno, pero recuerdo vagamente una conversación al respecto con mi mamá, mientras me colocaba una banda presidencial hecha de papel maché por encima de mi camisa blanca.

—Ahora te tengo que peinar como Benito Juárez, ¿lo ves? —me dijo apuntando a una monografía.

—Sí, tiene el pelo relamido —le dije, mientras ella comenzaba a abrir un bote de gel azul fosforescente—. ¿A poco había gel cuando Juárez era presidente? —le pregunté.

—No, m'ijito, obviamente no existían estas cosas —respondió.

—¿Y entonces cómo se peinaban?

—Usaban jugo de limón para peinarse —continuó.

—Ah, no, pues ponme jugo de limón entonces, quiero ser realmente como Benito Juárez.

El limón funcionó a la perfección. La réplica de banda presidencial —más o menos como la que López Obrador se puso en 2006 cuando se autonombró "presidente legítimo"—, también se quedó en su lugar. Pusieron un micrófono en una pequeña plataforma, frente a todos los niños de la escuela, y con muchos nervios dije la frase que me pidieron memorizar. Aún la recuerdo: "Entre los individuos, como entre las naciones, el respeto al derecho ajeno es la paz". Nadie aplaudió. "Ya sé que no aplauden", pensé, y regresé a encontrarme con mis compañeros de clase. Nunca supe si lo de los limones era cierto, pero la interpretación fue tan exitosa que nos pidieron volver a hacerlo en segundo de primaria, y en tercero y cuarto de primaria; también fuimos Benito Juárez en quinto y en sexto. La historia tiene ciertos matices de racismo y discriminación a los que regresaré más adelante. Por el momento, basta decir que desde aquellos años asumí un gran amor por la historia de México en general, y por la de Benito Juárez, en particular. No lo pensaba entonces con estas palabras, pero también por aquellos años comenzó a gestarse en mí una inclinación por la satisfacción que acompaña a "lo bien ganado", al mérito.

Monarquías de clóset

Para muchos, Benito Juárez es el fundador del México moderno, el gran estadista y reformador de la República. Para otros, es una figura controversial, un mandatario ambicioso de poder que se regía por prácticas de corte autoritario. Toda figura histórica de talla semejante tendrá siempre más de una lectura sobre su vida, y algunas de ellas serán contrapuestas. Pero lo que es innegable es que para el mundo, la historia de Juárez representa un estandarte de superación personal, de éxito a través del esfuerzo. Para mí, la biografía de Juárez brilla más por su incansable lucha contra los privilegios, contra las élites. Para tratar de explicar por qué es que lo veo así tengo que echar a andar el reloj medio siglo antes de que el Benemérito de las Américas llegara a la Presidencia de México; hay que volver atrás, muy atrás, hasta aquellos tiempos en los que México tenía un rey.

A principio del siglo XIX, las invasiones napoleónicas forzaron a España a dejar de ser una monarquía absoluta, para convertirse, por un periodo, en una monarquía constitucional. La redacción e implementación de la Constitución de Cádiz en 1812, formulada por un parlamento interino al que se llamó Las Cortes, otorgó cierto grado de soberanía popular después de que el rey Fernando VII se viera forzado a abdicar por la presión francesa. Pero las élites que regían nuestras colonias no apreciaron la nueva Constitución, y mucho menos apreciaron sus propuestas de soberanía popular, por más laxas que fueran. Naturalmente, con la Constitución de Cádiz el clima en la Colonia se tornó más tenso, pues una cosa era la desestabilidad política en la *madre patria*, y otra cosa era otorgar poder político a personajes fuera del círculo de poder del momento. La primera revuelta en México, por ejemplo, liderada por el cura Miguel Hidalgo dos años después de la invasión francesa en España, fue una rebelión de las élites, no fue una revuelta surgida del pueblo.

En España, la Constitución ya había generado una voluntad política popular y a pesar de que el rey Fernando VII volvió al poder en 1814, se vio forzado a restablecer Las Cortes en su gobierno. Las Cortes, entonces, no solo proponían un cierto grado de participación política popular sino que atacaban privilegios especiales, por ejemplo, eliminando el derecho a la ley marcial. Debido a esto, las élites en México decidieron que la independencia era la mejor vía para preservar su estatus y prevenir que el poder político se les escapara y comenzara a filtrarse a otros sectores de la sociedad colonial. El movimiento independista fue liderado por Agustín de Iturbide, quien tomó el poder en 1821. ¿Y qué hizo días después de ganar la Independencia el revolucionario Iturbide? Lo esperado: desconoció la Constitución de Cádiz. Pero también hizo algo inesperado: aprovechó el apoyo militar que tenía para autoproclamarse emperador de México, un puesto definido por Simón Bolívar como obtenido por "la gracia de Dios y de las bayonetas". México coronó así a su primer emperador.

Lo que pasó en México entre 1824 y 1867 es difícil de resumir en unos párrafos y no es el propósito de este libro. En esos 43 años, el país tuvo 52 presidentes. También, podemos señalar, en este periodo se cimbraron los orígenes de dos grandes características que como país cargamos hasta la fecha: una grave pobreza institucional y una severa y persistente desigualdad económica. El primer pecado original de nuestra incipiente institucionalidad fue que casi ninguno de estos presidentes llegó al poder por mecanismos constitucionales. El segundo problema, el de la inequidad, nace del comportamiento de la élite política posindependista. Muchos de estos primeros gobiernos avalaron la explotación y la creación de monopolios de poder, razón por la cual la población en general quedó fuera de los procesos y las decisiones políticas, así como sin posibilidades para desarrollarse económicamente. Y aunque el fundamento ideológico de la independencia mexicana era la libertad de los españoles, los mestizos y los "indios" que con su lucha habían transformado a México, desde ese entonces éramos ya, como lo dijo el gran explorador de Latinoamérica Alexander Von Humbolt: "el país de la desigualdad".

Las cosas cambiaron cuando llegó al poder un hombre con una enorme convicción y un ferviente patriotismo. Benito Juárez, para quien los principios lo eran todo, con su reforma liberal dio a México su verdadera acta de nacimiento. Además, al restaurar la Constitución de 1857, Juárez estableció los valores y las decisiones políticas fundamentales que sustentan a nuestra patria. La igualdad, la libertad, la legalidad y la democracia son legados a los cuales todavía aspiramos como mexicanos. La república, representativa y federal, sigue siendo la base de nuestro Estado. Pero lo más importante del "sueño republicano" de Juárez, porque lo podemos llamar así, era cómo concebía la labor de gobernar: "el primer gobernante de una sociedad no debe tener más bandera que la ley, la felicidad común debe ser su norte, e iguales los hombres ante su presencia, como lo son ante la ley, solo debe distinguir el mérito y la virtud para recompensarlos, al vicio y al crimen para procurar su castigo".

Lamentablemente, este "sueño" duró poco. En 1877 Porfirio Díaz, por medio de un golpe de Estado, se erigió como presidente y durante su mandato, que se extendió por 34 años, el contexto mundial cambió significativamente. El fenómeno de la globalización trajo consigo oportunidades a muchos países en todo el mundo. Los más progresistas las aprovecharon para fomentar el desarrollo de sus poblaciones, consolidar la clase media y, en general, para darle mejor calidad de vida a su pueblo. En México, sin embargo, la globalización benefició casi exclusivamente a la élite política mexicana, la cual volvió a postrarse como poder absoluto. Porfirio Díaz y su séquito se habían dejado seducir por la tentación aristocrática, intentando desesperadamente parecerse a sus contrapartes europeas. El columnista chihuahuense Víctor Orozco recuerda que, durante la visita que hizo en 1909 el presidente norteamericano William H. Taft al general Porfirio Díaz en Ciudad Juárez, este le comentó: "me presenté como republicano y usted me recibió como emperador". Primero lo vimos con Iturbide y décadas más tarde con Díaz, este vicio nacional que se repite y se repite: el resurgimiento de nuestra monarquía de clóset, de la cultura del privilegio.

En el siguiente capítulo veremos que, aunque estos impulsos monárquicos e imperiales han marcado a México más allá de sus primeros siglos de vida, la Revolución Mexicana y, sobre todo, la Constitución de 1917 eligieron nuevamente la vía republicana y democrática para el ejercicio del poder. En este sentido, como nos dice Orozco, es importante recordar "que la radical diferencia entre la monarquía y la república, no solo estriba en que en la primera el poder político se hereda y en la segunda los ciudadanos deciden a quién confiárselo. También se distinguen por los valores que sustentan". Y son estos valores, como veremos más adelante, los que definen el destino y desempeño de un país.

Es precisamente por esto que creo que, más allá de los títulos, y más allá de las muchas controversias alrededor de su vida, es importante recordar a

Don Benito Juárez en estos tiempos. Vale la pena recordar su lucha por hacer de México una verdadera república; su respeto absoluto por la ley y por la igualdad de todos ante ella. Es urgente honrar su dedicación y el compromiso que tuvo para que México tuviera una verdadera democracia, basada no en los privilegios de unos cuantos, sino en el reconocimiento al mérito de las personas como el único criterio para recibir distinciones y ocupar puestos de poder. Una de las preguntas que hoy nos apremia es si esas tentaciones monárquicas, esas actitudes aristocráticas, esas tendencias antidemocráticas están volviendo a surgir en nuestro país, o quizás nunca se fueron. Una razón más por la que resulta indispensable recordar los valores de Juárez y volver a luchar por ellos; esto es, más que un deber, parte inalienable de la solución.

Los dos Nogales, revisited

¿Cuál es la principal diferencia entre los países que procuran con éxito el bienestar de sus habitantes y aquellos que fracasan en esa función esencial? No los quiero engañar, no voy a analizar este dilema a detalle; lo que sí pretendo hacer aquí es avanzar en la siguiente tesis: el éxito o fracaso de un país en procurar el bienestar igualitario de su población depende del tipo de institucionalidad política existente; el conjunto de hábitos y valores —a los que llamo "cultura"— que tienen las personas a cargo de dichas instituciones; y la dinámica y retroalimentación existente entre las instituciones y el resto de la sociedad.

En su libro *Por qué fracasan los países*, Daron Acemoglu y James Robinson explican cómo la política, por medio de la institucionalidad, inevitablemente influye en el desarrollo de un país y el bienestar igualitario de sus habitantes. De acuerdo con estos autores, el que un país fracase en asegurar la prosperidad de sus ciudadanos es consecuencia directa de un sistema político que construye una forma específica de institucionalidad, la cual llaman *"extractiva y exclusiva"*. Es *extractiva* porque hace uso de los recursos públicos nacionales, y es *exclusiva* porque estos recursos son empleados para perpetuar el privilegio y el bienestar de un sector pequeño de la población, de una élite.

Este sistema da lugar a lo que los autores denominan el "secuestro institucional" que permite a aquellos que son parte del sistema político —de una élite en la que se mezclan representantes del sector público y del privado—, concentrar indefinidamente el poder y beneficiarse casi exclusivamente de las instituciones sociales y económicas de un país. Es decir, el "secuestro institucional" da lugar a un círculo vicioso que perpetúa el poder para la élite marginalizando al resto de la población, bloqueando sistemática y deliberadamente las oportunidades de aquellos que no forman "parte del club". En el extremo opuesto encontramos a las instituciones *inclusivas*. Estas son instituciones que facilitan la participación ciudadana, la rendición de cuentas y un desempeño público de calidad. La teoría es clara: de acuerdo a estos autores, las instituciones, particularmente las instituciones políticas, determinan si una sociedad prospera o no.

Igual que mi maestra de primaria, Acemoglu y Robinson también escogieron un par de gemelos para probar esta teoría. En este caso, eligieron dos ciudades gemelas: Nogales, Sonora, y Nogales, Arizona. En estas ciudades separadas por una pequeña frontera artificial, trazada en 1848 cuando México perdió los estados de Nuevo México y Arizona, los autores muestran claramente cómo distintas instituciones influyen en el comportamiento y los incentivos de los ciudadanos, de los negocios y de los políticos. El resultado es contundente: los que viven en Arizona tienen un enorme bienestar social, mientras los habitantes de Sonora tienen menores índices de educación, servicios de salud de peor calidad, un pésimo sistema de seguridad pública y expectativas de vida más bajas que sus vecinos.

El desarrollo de nuestro vecino del norte está basado en las reglas, las leyes y las organizaciones que Acemoglu y Robinson califican como *inclusivas*. El acceso a este tipo de instituciones políticas le permite a los ciudadanos participar en los procesos democráticos del país; elegir a sus representantes; y, sobre todo, reemplazarlos si no cumplen con las expectativas generadas cuando se les eligió para el cargo. En otras palabras, el sistema norteamericano lleva a los políticos electos a asumir plenamente la responsabilidad de sus cargos y a esforzarse para proveer los servicios básicos que la ciudadanía demanda, sea en materia de salud, infraestructura o seguridad pública. Vale la pena mencionar que dicho sistema también premia y sanciona a los actores del mundo de los negocios, quienes frecuentemente se ven sujetos a estándares igual o hasta más altos que aquellos que se le imponen a sus contrapartes en el sector público.

En México, el modelo que se favoreció, y que eventualmente proliferó, es el de las instituciones *exclusivas*. Estas deliberadamente impiden que la población en general tenga acceso a los incentivos o medios necesarios para mejorar sus condiciones, beneficiarse de los recursos públicos, y hasta para incidir en los procesos democráticos del país. Nuestro sistema democrático se encuentra cooptado a través de instituciones políticas que siguen cerrando filas frente a todo aquel que intente penetrar el círculo de poder para cambiarlo desde adentro. En México se viven épocas de neocolonialismo. Aunque nos neguemos a aceptarlo, aquí la lógica colonial prevalece hasta nuestros días. Lo que tenemos es una élite que usa estratégicamente el sello democrático que hoy supuestamente tiene nuestro país.

Del otro lado de la línea fronteriza, los habitantes de Nogales, Arizona, viven el famoso "sueño americano" que promete recompensar el esfuerzo con movilidad social. Con todos sus defectos y deficiencias, ese sistema busca incrementar las oportunidades para una mayoría y no sólo para un segmento mínimo de la población. Esto es, en teoría, lo que deberíamos obtener todos de una organización democrática del Estado y lo que nuestros candidatos prometen en México en años electorales. Aunque tiene muchas fallas el sistema norteamericano, es indiscutiblemente más cercano a la utopía que el nuestro. La realidad es que en nuestro país el poder se concentra en las manos de unos cuantos a través de instituciones secuestradas y diseñadas para perpetuar un sistema de subyugación, explotación y exclusión social, política y económica que roba recursos a la población para mantener el estilo de vida privilegiado de un puñado.

El impacto que estas diferencias tiene en la economía es tan contrastante como dramático: los habitantes de Nogales, Arizona, tienen acceso a mejores instituciones que les permiten escoger sus ocupaciones libremente, obtener educación y adquirir habilidades de mayor calidad y estimular directamente a sus empleadores para que inviertan en la mejor tecnología disponible para las compañías o negocios en los que trabajan. Esto inevitablemente resulta en mejores salarios y en un mayor nivel de vida para los habitantes de la región, muchos de los cuales son mexicanos que por obvias razones decidieron emigrar a la Unión Americana.

Pero la diferencia entre el "sueño americano" y la "pesadilla mexicana" no se debe solo a este factor. El funcionamiento adecuado de los países democráticos no se basa de forma exclusiva en el sistema político formal, ni en los incentivos económicos que las instituciones crean. Existe otro factor que nos permite entender por qué se escribieron dos historias tan distintas en dos mitades de una misma ciudad: el conjunto de hábitos y valores que residen en la sociedad subyacente, lo que el reconocido politólogo Francis Fukuyama llama "cultura" —así, con *c* minúscula—.

Sin dar más vueltas, la triste realidad es que nuestros sistemas políticos se desenvuelven en medio de dos culturas diametralmente opuestas: en Estados Unidos el conjunto de hábitos y valores políticos que residen en la sociedad subyacente facilitan que lleguen a la cima del sistema las personas más capaces, calificadas y dispuestas a desempeñar su función en beneficio de la sociedad en general; y, por el contrario, castigan a aquellas que traicionan su mandato y solo buscan beneficiarse a sí mismos. Sobra decir que en México esta cultura no existe.

¿Dónde nace esta diferencia? Notemos, primero, que las reglas escritas, los sistemas electorales y las constituciones políticas, tanto de México como de los Estados Unidos, comparten principios y valores muy similares. El problema no está en el papel ni en la forma en la que se escribieron las leyes, ni en los principios que las sustentan. El problema está en las personas que las aplican, las que con sus acciones y decisiones hacen que una institución *inclusiva* se comporte como una *exclusiva*. El "secuestro institucional" es una decisión consciente, de agencia personal, y no, como algunos intelectuales en México quieren pensar, un resultado de las fallas en el diseño institucional. El problema de México es, nuevamente, un problema cultural, es decir, está afincado en los hábitos y valores de quienes están a cargo de dichas instituciones y de los actores que detentan el poder que éstas les otorgan. Existiendo este abismo entre los hábitos y valores que caracterizan a los funcionarios y hombres de negocios estadounidenses y los que guían el actuar de los mexicanos, aunque hiciéramos un *copy-paste* de todas las instituciones de Arizona a Sonora, la realidad difícilmente cambiaría. En otras palabras, de Fukuyama podemos inferir que lo que falla en México es la cultura de quienes están a cargo de estas instituciones.

Para ser claros, la mayor y más importante diferencia entre las dos ciudades llamadas Nogales es precisamente esta: que una está en México, un país en donde el mérito no es, ni remotamente, un criterio central para elegir a los líderes del sector público y privado, y que la otra está en Estados Unidos, un país en el que sí lo es. Por eso en 2008, durante un debate televisado, el candidato republicano a la presidencia de Estados Unidos, John McCain —cuya base electoral se encuentra precisamente en Arizona—, al ser cuestionado sobre cuál es el valor fundamental de su país, respondió de esta manera: "que la condición de tu nacimiento no determina el resultado de tu vida". En pocas palabras, gran parte del éxito de los Estados Unidos —y del fracaso de México, en contraposición— se explica por un simple hábito: el reconocimiento del mérito como valor fundamental.

Considero que es posible y congruente ser progresista y creer en la justicia social como objetivo básico de un país y, al mismo tiempo, ser liberal y creer en la importancia de la agencia personal de la que habla Isaiah Berlin en sus *Ensayos de libertad*; en otras palabras, no creo en un determinismo histórico: las personas no son títeres sino agentes que toman decisiones y que pueden influir en su entorno. En México podríamos tener instituciones inclusivas que nos permitirían construir una democracia más fuerte y lograr mayor desarrollo si tuviéramos más personas en puestos de poder con la cultura de Juárez, que funcionarios con los valores de Iturbide o los hábitos de Porfirio Díaz. La solución, como dije en el capítulo anterior, es simple pero demandante: hay que reemplazar a la élite actual valiéndonos de un nuevo sistema de elección, evaluación y sanciones. Hay que extirpar una cultura, la del privilegio, y reemplazarla por otra: la cultura del mérito.

Puede ser que esta teoría y la solución que ofrece resulte ingenua, obvia e intrascendente —y hasta incongruente— para los *institucionalistas*. No lo es. Por el contrario, nos da precisamente las armas que necesitamos para quitarles a *ellos* —sobre quienes nos enfocaremos en el siguiente capítulo— el control del país, y, de paso, de nuestras vidas. Esta teoría no solo refuta la explicación —o, más bien, excusa— comúnmente aludida por los gobernantes al frente de instituciones extractivas y exclusivas que aseguran que la falta de bienestar social se debe a la falta de recursos o cambios en las leyes. Nos invita a rechazar esa justificación que brindan aquellos que apuntan a factores externos para explicar su incompetencia para desempeñar las funciones para las que fueron elegidos. Más aún, nos legitima para exigir que nuestros gobernantes asuman la responsabilidad de sus acciones y nos ofrece métricas y métodos para evaluarlos.

¿Qué pasaría si dejáramos de aceptar excusas superficiales e insuficientes para disculpar a nuestros gobernantes? Lo que pasaría es que exigiríamos más responsabilidad por parte de nuestros servidores públicos y entenderíamos que el desempeño de sus funciones requiere de preparación, capacidad, compromiso y disciplina. Entenderíamos que el desarrollo de un país está directa, positiva y estrechamente vinculado con la calidad de sus servidores públicos —con énfasis en la palabra "servir"—. Y entonces pediríamos, exigiríamos que estos sean los mejores para ocupar un determinado puesto, es decir, que hayan llegado allí con base en el trabajo y la dedicación, la empatía y el compromiso social, la honestidad y el rigor moral. Exigiríamos que el mérito, y solo el mérito, fuera lo que los colocó en sus cargos.

Una sátira y un nombre inventado

En 1813, Thomas Jefferson, quien al igual que nuestro Benito Juárez es considerado uno de los fundadores de su país, hizo una distinción entre lo que llamó la "aristocracia del talento y la virtud", la cual consideraba una bendición para cualquier país, y la "aristocracia artificial fundada en la riqueza y la herencia", la cual, en sus propias palabras, terminaría ahorcando a la nación. En una carta dirigida a su amigo y también líder de la revolución en contra de la corona inglesa, John Adams, le preguntó: "¿No deberíamos incluso decir que la mejor forma de gobierno es aquella que permite más efectivamente la selección de esta aristocracia del talento a las oficinas de gobierno?". Este breve episodio en la historia estadounidense nos deja entrever, en otras palabras, que aunque la palabra *meritocracia* todavía no existía, los fundadores del país —que en menos de dos siglos se convertiría en una superpotencia— apuntaban ya a un sistema de gobierno basado en la cultura del mérito.

La palabra *meritocracia* y el concepto al que alude, aunque han sido utilizados mucho más en los Estados Unidos que en cualquier otro país del mundo, en realidad nacieron en el Viejo Continente, específicamente en Inglaterra. La palabra fue acuñada en 1958 por Michael Young, un sociólogo, miembro del parlamento británico y del Partido Laborista. Su novela futurista, *El ascenso de la meritocracia, 1870-2033* —fiel a la tradición de sus compatriotas George Orwell y Aldous Huxley, aunque sin contar con el mismo éxito—, fue escrita como una visión crítica sobre el futuro de la Gran Bretaña. El narrador de la historia, un Michael Young que vive en el año 2034, nos cuenta la historia de cómo se desarrolló un nuevo sistema social que reemplazó a la vieja élite aristocrática y al sistema inglés de castas.

"Hoy", dice el protagonista de esa monografía del futuro, "reconocemos que la democracia no puede seguir siendo la única aspiración, y que debemos ser gobernados más que por el pueblo, por aquellos en el pueblo con la mayor capacidad; no por una aristocracia de nacimiento, no por una plutocracia de riqueza, sino por una verdadera meritocracia de talento". El libro narra el ascenso de una sociedad estratificada donde el éxito depende de ciertas habilidades intelectuales, medibles y comprobables. En este contexto, correspondía al sistema educativo de esta nueva sociedad británica la responsabilidad de elegir a los miembros de la élite gobernante, basándose en ciertos exámenes. De ahí que se derive la estrecha vinculación del concepto de meritocracia con la educación superior.

Curiosamente, además de que el libro de Young se trata, en realidad, de una sátira que ha sido tomada muy en serio, la palabra misma que inventó el autor es básicamente un error histórico. Cuenta la leyenda que, antes de publicar su libro, Young compartió su propuesta del título a una amiga suya que estudiaba literatura clásica en la Universidad de Oxford para ver qué opinaba de este nuevo término. La respuesta de ella fue tajante, pues consideró que la palabra solo podría ocurrírsele a un ignorante. "Mezclar en una misma expresión una raíz latina (*mereo*) con otra griega (*cracia*) es un signo imperdonable de ignorancia y de mal gusto", le dijo. Pero, aún así, con tan desalentadora crítica, Young siguió adelante, lo publicó así y, según veremos más adelante, llegó a lamentar más adelante la enorme popularidad que tendría el uso de la palabra, y que gradualmente tomó una connotación distinta: se convirtió en un sinónimo de igualdad de oportunidades e incluso de equidad en general.

La idea de un pacto social basado en el mérito ha trascendido a nivel mundial. A medio siglo de la publicación de *El ascenso de la meritocracia*, muchos países y organizaciones alrededor del mundo han demostrado el importante rol que un sistema basado en el mérito puede jugar para el desarrollo de la sociedad. Hoy en día, cuando se habla de un sistema meritocrático se entiende que se trata de un sistema abierto, sin privilegios heredados, ni favoritismos. Para muestra, aquellas empresas, escuelas o instituciones que quieren ser vistas como justas e independientes, hoy se hacen llamar así: meritocráticas. En otras palabras, recurren al mérito individual como criterio exclusivo de selección. Además, la ideología meritocrática ha logrado adaptarse tanto a propuestas de corte socialista —es uno de los pilares del socialismo moderno en Chile, por ejemplo—, como a las ideas neoliberales, pues incluso uno de los protagonistas más voraces del capitalismo financiero actual, el banco Goldman Sachs, se refiere a sí mismo como una meritocracia.

Muchos países reconocen los beneficios de recurrir al mérito como el principal vehículo para permitir a sus ciudadanos llegar hasta la cima. Este es el criterio detrás de las políticas de discriminación positiva adoptadas en varios países con la intención de aumentar el número de personas de contextos de mayor desventaja social que ingresan, por ejemplo, a las universidades. Un ejemplo claro, en el que ahondaremos más adelante, es el de Singapur. Este país es un ejemplo de cómo el vínculo del concepto de meritocracia con la equidad en el acceso a la educación ha crecido al punto en el que, para muchos, son sinónimos. Aquí es importante señalar que esta no es una receta libre de riesgo; la meritocracia mal definida y mal llevada puede terminar legitimando el poder y el estatus social de una selecta minoría: precisamente aquella que tiene acceso a la más alta educación.

El mismo Michael Young hace 50 años advirtió a sus lectores que la incipiente idea de una meritocracia, que ya comenzaba a aplicarse en su propio país, se podía convertir en un concepto tan estrecho y pernicioso como lo eran las aristocracias que intentaba eliminar. Y es que este escritor y sociólogo comprendió la paradoja: un sistema que recompensa las capacidades y los éxitos sin prestar atención a las condiciones que rodean a una persona desde su nacimiento —especialmente en el caso de las condiciones generadas por el privilegio—, puede ser injusto precisamente porque no toma en consideración las grandes consecuencias que las diferencias de clase, ingreso, estatus social, origen étnico y género pueden tener.

La definición de mérito, así como el grupo que dota de contenido dicha definición, varía en cada sociedad. También, aquellos que lo definen no son necesariamente los mismos de una sociedad a otra. Esto puede tener una consecuencia grave: pues si lo que buscamos es reemplazar a nuestra actual élite con personas seleccionadas por sus méritos, y es la élite misma la que define qué méritos son "buenos para la sociedad", entonces se replica uno de los peores defectos de los viejos sistemas políticos: la autoselección de los líderes en base a criterios que ellos mismos definen. De hecho, esta es hoy en día la mayor crítica a la meritocracia en muchos lugares alrededor del planeta. Y, sin ninguna duda, el país que ejemplifica los vicios de la meritocracia de manera más concreta es, nuevamente, nuestro vecino al norte. ¿Por qué? Precisamente porque es el país que más en serio se tomó la idea.

De acuerdo a Christopher Hayes, autor de *El crepúsculo de las élites*, actualmente en Estados Unidos hay dos escaleras que permiten a ciertas personas subir a los estratos más altos de poder y de influencia. La primera escalera es la ya mencionada, la escalera de la educación. La gran crítica aquí, una que abordaremos para el caso mexicano al final del libro, es que las instituciones educativas encargadas de certificar a los talentosos futuros miembros de la élite del país —las grandes universidades de la *Ivy League* norteamericana, por ejemplo—, no se conducen ellas mismas con sistemas de selección basados exclusivamente en el mérito. La segunda escalera, en la visión de Hayes, es la del mundo de los negocios; la del dinero. Si tienes o puedes hacer dinero, entonces a la élite del poder le importa poco si tienes la educación adecuada. Para muestra, los casos de Bill Gates y Mark Zuckerberg, quienes a pesar de no haber terminado su carrera universitaria, son, sin duda, considerados parte de esa élite.

¿Cuál es el problema con tener pocas escaleras? La principal crítica en contra de este particular sistema de meritocracia, como veremos en el séptimo capítulo con mayor detalle, es que termina creando desigualdad. En el influyente texto *Las esferas de justicia: una defensa del pluralismo y la igualdad*, el filósofo Michael Walzer concluye que "la desigualdad es más perniciosa cuando amenaza con colapsar todas las formas de jerarquía en una sola medida, ya sea el dinero, la inteligencia, o incluso el mérito". Sin embargo, la premisa esencial detrás de la meritocracia no es necesariamente el mérito en sí mismo, ni la igualdad; en el fondo, el objetivo primordial para adoptar una cultura del mérito es la libertad. En otras palabras, si la meritocracia es un sistema que premia el mérito, y si como sociedad encontramos la forma de reconocer una amplia gama de méritos, en distintos ámbitos y con criterios de valor social mayores a una definición estrecha, entonces el sistema se convierte en promotor de la elección individual. Y de esta manera volvemos a la idea de que la cultura del mérito es la adopción práctica de los valores republicanos que fundaron a nuestra patria y, evidentemente, entre ellos está el de la libertad.

Volviendo a México, en donde las instituciones políticas siguen secuestradas por un club privado cuyos miembros causan algunos de los mayores padecimientos de nuestra sociedad, es claro que necesitamos aplicar el antídoto del privilegio; necesitamos comenzar a recompensar el mérito. Revisaremos más adelante los tipos de mérito que podrían sanar a el tejido social de nuestra patria. Por ahora dejemos que Ariel Rodríguez Kuri comience con uno de los méritos que debemos exigir a nuestros líderes: el honor.

El déficit de Ariel

Ariel Rodríguez Kuri
"Las élites en México"
Horizontal, marzo de 2015

Existe un déficit de honor en la sociedad mexicana —del honor entendido como esa cualidad moral que lleva al cumplimiento de la propia responsabilidad (en buena medida autoimpuesta) y a la salvaguarda de la reputación personal que deriva de su cumplimiento. El honor —un valor que legítimamente se puede considerar de un régimen antiguo, pero que sigue vigente en una perspectiva republicana— no ha venido a lubricar y potenciar la vida pública mexicana. Esta es entonces estridente, lenta, ineficaz. Abundan en ella procesos que no deberían llegar al litigio formal, que no deberían explotar, o que en todo caso deberían resolverse con una decisión personal, clara, inequívoca: no acepto esto; renuncio a un cargo o a algún beneficio a los cuales tendría en principio derecho, pero cuya aceptación marcaría negativamente mi integridad personal o la imagen de una institución pública. El honor en la vida republicana es lo que no está en la ley o lo que está antes de la ley pero que aligera, favorece, alimenta su imperio.

La ausencia del honor como valor público tendría en principio una explicación sociocultural: nuestras élites (es decir, los oligarcas de los bienes y el dinero, de un lado, y los oligarcas del poder que emana de las instituciones políticas, del otro) no han generado imágenes ejemplares ni liderazgos éticos, es decir, auténticos valores públicos. En México (con alguna salvedad, en aras de la estadística) no existe un verdadero "patriciado" en el sentido de la tradición republicana occidental, esa que va de Roma a los Padres Fundadores estadounidenses y a ciertos republicanos del mundo iberoamericano: una condición de jefatura moral enraizada en servicios a la república, a la libertad o a la democracia. Un ejemplo: en México casi no tenemos ricos que gocen de estima pública, sino nada más ricos que son famosos sólo porque son ricos. Ser ricos les sirve exclusivamente a ellos, no a la sociedad —sugiero entonces que existen sociedades donde un rico puede ser, por decirlo así, un "bien público". En alguna medida es su culpa: no tienen ni imaginan un código para la república; habitan solamente sus propios lenguajes privados, su ideología, su negocio.

Tenemos hoy, insisto, oligarquías sin patriciado. Una condición del patriciado, sugiero, es un sistema de valores a la manera de una interfaz para la vida pública. No bastan museos o beneficencias privadas; se extraña algo como la antigua ética del aristócrata (que en su origen fue un guerrero, Norbert Elias *dixit*) que sabe dónde, cuándo y por qué detenerse —que contribuye al tránsito del privilegio a la ciudadanía. La jerigonza católica de los oligarcas ya no sirve, sobre todo después de Marcial Maciel y sus correrías financieras. Por lo pronto experimentamos a diario lo contrario a una política del honor desde las oligarquías: la imposición de valores (familiares, empresariales, religiosos, políticos) que no son públicos. Nuestra estratificación social debe ser explorada con otras preguntas, quizá con otros ojos. Si ya tuvimos una antropología de la pobreza en Óscar Lewis, ahora necesitamos una antropología (política) de la riqueza.

En particular, debemos identificar otra faceta de ese universo del privilegio: los políticos oligarcas. En este caso, la contradicción es palmaria y sublime: en México hay una especie endógena de políticos privados. Dilucidar cómo procesarían el honor los oligarcas políticos es útil. Si ejerzo o aspiro a un puesto de alta visibilidad pública (ministro de la Corte, dirigente de un partido político, por citar algunos ejemplos) el honor debería funcionar como una forma de autocontención: ¿Hay dudas sensatas sobre mi actuación previa? ¿He pecado, aun discretamente, por omisión o comisión? Si dije esto y aquello, ¿soy digno del cargo? Quiebres pequeñísimos en la conciencia de los oligarcas del poder. Quiebres que no están, que no llegan.

¿Qué reúne a los oligarcas del dinero y a los de la política? La acumulación originaria (el imponer cercados privados en los territorios públicos, a la manera de los presupuestos y los recursos naturales) como el modo predilecto del capitalismo mexicano. Ambos expolian con independencia de la productividad y la innovación. Como sabemos, la acumulación originaria no requiere de mercados sino de relaciones, poder legal y político, información. Se acumula en privado (por decirlo así) a partir de relaciones de gabinete, de amistad, de compadrazgo, de favores en ambos sentidos.

En la cultura oligárquica, el honor es débil porque lo que cuenta es la información privilegiada y —de manera concomitante— la secrecía. El honor —la oportunidad que damos a los demás para que nos juzguen de acuerdo con unos valores que nosotros mismos definimos— está sometido a la acumulación y al privilegio. Sí, en México hay mercado para muchas cosas, excepto para el honor. Este no cotiza ni en bolsa ni en las otras formas de lo público. El juicio del público tiende a ser un rumor, a veces difamante, no un acto político. El resultado es algo negativo para todos, y que podría evitarse si de vez en vez los oligarcas se presentaran ante la sociedad para exponer sus razones y decir "no" a alguna ventaja o privilegio (o "sí", pero mostrando al mismo tiempo la ruta para observarlos y juzgarlos).

En fin, que los actos, parafernalias y vocabularios de nuestras élites son, a la fecha, nada más que genuflexiones frente al espejo, y no convocatorias para los otros, para el restante 99% de la población. Alguien podría decir que así son las élites, en todas partes y en todos los tiempos. No necesariamente. Hay ejemplos de ricos, muy ricos, que pidieron que les subieran los impuestos en Estados Unidos, que abrieron los archivos de sus negocios para una historia empresarial en serio (en Estados Unidos y Europa), que fundaron universidades y centros de investigación para el conocimiento y no para la propaganda religiosa o ideológica —y no digo que eso no suceda en México, digo que ocurre poco. Sí, hay ricos de ese estilo, ricos públicos. Y el honor es parte de sus activos: "Si pienso así, hago esto y, por lo tanto, júzguenme".

Advertencia: si no llega el honor, se intensificará la lucha de clases o en todo caso las formas más ríspidas y duras de la descalificación. Tenemos hombres y mujeres públicos cuyas relaciones e intereses privados sobredeterminan su imagen en la sociedad. Sin casi ningún tipo de visión, siguen adelante en cualquier aventura que implique poder o dinero.

El diseño institucional del poder público, por cierto, no ayuda a que los oligarcas del dinero y del poder recapaciten, ni a que el grueso de la sociedad explote la veta del honor como un arma cívica. Dada la naturaleza mayoritariamente uninominal del régimen político (300 diputados en distritos, por ejemplo), las manzanas podridas se aíslan en otros tantos mundos acotados geográficamente. Si el gobierno nacional o la representación política se eligiera por listas, a la manera parlamentaria, las manzanas podridas podrían contaminar toda la lista, a los vecinos de arriba y de abajo. El honor tendría entonces incentivos: habría candidatos que se avergonzarían de compartir una campaña política con alguien que los deshonra. Por eso los regímenes parlamentarios son más sensibles —que no infalibles— y precisos con respecto a pecados que, sin ser aún delitos, comprometen la vida pública. Una sospecha de sobreprecio en las compras del gobierno, un abuso en el ejercicio del dinero público, etcétera, son actos que llevan con frecuencia a la renuncia o a un aislamiento autoimpuesto, un conveniente ostracismo, no dictado por la ley sino por el honor.

Una política del honor es una política de la República. No todo son leyes, aunque éstas ayudan a prever y castigar. Pero podría haber algo más, algo subjetivo, sutil, discreto, en el horizonte nacional. No está mal un país poblado por tantos astutos Ulises obsesionados con sobrevivir. Pero nos estamos excediendo, y de qué manera. Se extraña en la vida pública algo de Áyax —un arcaísmo patricio, el honor como una posesión intransferible de los que aspiramos a la ciudadanía, un espíritu de república en el club privado de los oligarcas—.

Una palabra fantasma

Como hemos visto, en muchas partes del mundo el concepto de meritocracia hoy se encuentra cargado de simbolismo y fuerza. El éxito de la palabra es innegable, pues ha sido ya incorporada en el lenguaje coloquial, por lo que ya trascendió la demagogia política. El crecimiento ha sido sistemático, pero ha sido distinto en distintos idiomas. Así lo ha analizado Alejandro Gaviria, utilizando diversas herramientas de *Google*, a través de las cuales ha demostrado que el crecimiento del uso de esta idea, en inglés, ocurrió sobre todo entre los años setenta y noventa; mientras que en español, el incremento del uso de la "meritocracia" ha sido mucho más reciente. En ambos casos, el porcentaje de menciones de la palabra en libros y revistas se ha disparado en las tres últimas décadas.

Pero México es un caso excepcional, pues en nuestro país poco o casi nada se sabe de ella. Durante mi investigación para este libro encontré tan pocas menciones de la palabra en los muchos textos que leí sobre México, que en las siguientes páginas verán prácticamente todas y cada una de las citas que la contienen. El afamado lingüista y controversial escritor norteamericano Noam Chomsky ha propuesto que si una palabra no "existe" en el vocabulario de una sociedad, el concepto tampoco puede existir. ¿Será que en México no existe la idea de una meritocracia tampoco?

Y es que hasta un par de simples ejercicios apuntan a ello. Si ingresamos a *Twitter* y hacemos una "búsqueda avanzada" con la palabra "meritocracia", inmediatamente veremos a las personas que están utilizado la misma o que están diciendo algo sobre este tema en todo el mundo. Ahora, hagamos el mismo ejercicio pero en la sección "lugares" escribamos "México" y veremos que, de las decenas de millones de usuarios que la red social tiene en nuestro país, existen muy pocas menciones de la palabra meritocracia en tiempos recientes.

Algo similar sucede cuando empleamos la herramienta de "tendencias de búsqueda" de la empresa *Google*. En la última década, el interés por la palabra meritocracia en México —medido a través del número de búsquedas de la misma en este portal—, ha sido entre una décima y una quinta parte del de países como Brasil, España, Ecuador y Colombia, teniendo incluso una mayor población conectada al internet que algunos de estos países. Entre 2004 y 2014, la palabra meritocracia se ha buscado solamente 11 veces al año en promedio en México. En comparación, las palabras "aristocracia", "plutocracia" y "oligarquía" tienen promedios de búsqueda casi 30 veces mayores en el mismo periodo, en nuestro país.

En los siguientes capítulos analizaremos si la cultura del mérito es algo que en México impera o que brilla por su ausencia; pero por lo pronto podemos decir que actualmente en nuestro país la palabra misma es un fantasma, una fábula, un misterio. Claro, hacer una búsqueda en *Twitter* o *Google* no es un método riguroso para sacar conclusiones, pero sí es un termómetro ciudadano.

La sociedad del mérito

México necesita construir un nuevo sistema basado en el mérito, entendiéndolo en su más amplia definición y resguardando al país de las propias limitaciones de la meritocracia. ¿Por qué? Simplemente porque lo opuesto a la meritocracia es la cultura del privilegio. Y en México, quienes han heredado estos privilegios han encontrado la forma de mantenerlos hasta la fecha. El costo social y económico de las muchas distorsiones que genera la cultura del privilegio es altísimo, medible incluso en términos de crecimiento económico.

Entre las dependencias y órganos que conforman el Estado mexicano abundan los ejemplos de ineficiencias, corruptelas y decisiones que se toman por complicidades e intereses privados y no por una racionalidad desde el punto de vista público. Tomemos el caso de Pemex y ni siquiera será necesario que hablemos de todos los despilfarros de esta empresa pública que financia más de un tercio del presupuesto de la Federación y simplemente pongamos la lupa en el costo de los muchos técnicos que trabajan en la petrolera. En *Por eso estamos como estamos*, Carlos Elizondo Mayer-Serra nos relata cómo en Pemex, en lugar de elegir a los mejores técnicos, a los más capacitados, quienes obtienen los puestos son quienes mejor conectados están o quienes de plano pagaron por la plaza a un funcionario corrupto. En general, dice Elizondo-Mayer, en México el mérito no es el criterio central para seleccionar personal de base, ni en muchos casos para los puestos directivos. La consecuencia de esto es gravísima, pues la mala calidad de los trabajadores de estas empresas lleva a tener que subcontratar muchos servicios.

Se cacarea hasta el cansancio que "el petróleo es nuestro", que Pemex —a pesar de la reforma energética— es de todos los mexicanos. Valiente consuelo nacionalista que esta empresa en teoría sea nuestra, aunque lo que lubrique su operación no sea la lógica económica, sino una corrupción que en el caso de los referidos técnicos nos lleve a pagar más del doble por cada empleado que no obtuvo el puesto basándose en el mérito.

El problema es similar en puestos públicos de alto nivel, sobre todo aquellos con mayor discrecionalidad en su selección. El nepotismo, el amiguismo, el compadrazgo, todos enemigos de la meritocracia, son características comunes y soluciones recurrentes que empañan la capacidad del gobierno mexicano para atraer mejor talento. Asimismo, podemos decir que el nepotismo también afecta al sector empresarial. De acuerdo con la consultoría Factor Humano, más del 80% de los dueños o directivos de empresas que participaron en una encuesta reciente aceptaron haber otorgado un nombramiento de ejecutivos de alta responsabilidad a familiares o amigos. En la mayoría de los casos, el resultado de estas decisiones fue negativo, según ellos mismos.

Así, en lugar de construir una meritocracia, en México hemos terminado con un sistema de privilegios, un sistema de captura y de clientelas en todos los sentidos. En *El país de uno*, Denise Dresser lo pone así: en México tenemos un sistema "de élites acaudaladas, amuralladas, asustadas ante los pobres a quienes no han querido —en realidad— educar. Porque no quieren franquear la brecha que tanto los beneficia. Porque no tienen los incentivos para hacerlo". Para una de las analistas políticas más respetadas por su constante crítica a la situación de nuestro país, hemos erigido un andamiaje político, social y cultural basado no en el mérito sino en las relaciones; no en la excelencia sino en los contactos; donde importa menos el grado que el apellido, donde los puestos se adjudican como recompensa a la lealtad y no al profesionalismo, donde las puertas se abren para los incondicionales y no necesariamente para los más talentosos.

La sociedad del mérito es justa, y es quizás la única forma en nuestros tiempos, dentro de las reglas del capitalismo global, para producir una sociedad más productiva y cultivada. Las instituciones como las universidades, el comercio y el gobierno se benefician del sistema en el que la competencia aumenta, el liderazgo político se expande y la productividad económica se basa en premisas universalistas que, aunque imperfectas y normalmente sesgadas, se mueven más allá de las tradiciones investidas en la remota antigüedad o en la autoridad ilegítima y corrupta. La sociedad del mérito deja atrás las condiciones sociales de nuestro pasado para introducir igualdades de clase, raza y género. Esta equidad generada desde el arranque promueve a su vez la igualdad y la libertad, pues cuando estas funcionan bien no requieren de compensaciones futuras, ni de incursiones públicas sobre los derechos de las personas.

Volviendo a pensar en Torreón y en mi infancia, me gusta imaginar que lograremos construir una nueva sociedad basada en el reconocimiento del mérito, en la que todos los niños en México tendrán las condiciones externas que me permitieron tener una educación que por mi condición económica y social quizás no me correspondía, pero que me dio las herramientas para llegar a ser quien soy. Y prefiero imaginar un futuro así, que pensar en un México atrapado en el presente. Pues mientras el poder político en México se siga repartiendo únicamente entre un grupo selecto y basado en la complicidad y el compadrazgo a gran escala; mientras las ganancias privadas sigan dependiendo de las dádivas del gobierno, de actividades ilegales y deshonestas y del control de los mercados; mientras el éxito de las personas dependa más de alianzas, relaciones y herencias que de sus propias capacidades, talentos y esfuerzos; mientras nuestro México siga atrapado en la cultura del privilegio, las posibilidades de un desarrollo más justo para nuestra sociedad se esfumarán como lo han hecho ya demasiadas veces en el pasado.

CAPÍTULO TRES

Ellos

En México el poder es más codiciado que la riqueza. Si es usted millonario, le será difícil —casi imposible— pasar de los negocios a la política. En cambio puede usted pasar de la política a los negocios.

Octavio Paz

Recuerdo perfectamente la primera vez que escuché la palabra meritocracia. Quizás no fue la primera vez que la escuché, pero estoy seguro de que fue la primera vez que me pregunté cuál era su significado. Estaba en Davos, Suiza, en el año 2009. Entré a un pequeñísimo salón del Morosani-Posthotel, un hotel situado sobre una de las dos calles principales de este folklórico pueblo, rodeado de espectaculares montañas. Estábamos a finales de enero y, como todos los años desde 1974, la élite del mundo estaba hacinada en esos cuatro kilómetros cuadrados. El salón, que tenía acabados de madera y olía a cabaña, también se encontraba lleno de gente.

Rápidamente reconocí y fui a saludar a uno de mis más queridos y admirados compatriotas, el doctor Rafael Rangel Sostmann, quien estaba ya en sus últimos años como rector del Sistema Tecnológico de Monterrey. Con su típica sonrisa y actitud hiperactiva, me dio un fuerte abrazo, comentó dos o tres cosas y siguió su camino. Difícil que no lo hiciera, si en

33

esa pequeña sala, no más grande que un salón de escuela, estaban muchos de los más importantes líderes de la vida pública y privada latinoamericana de esos años. Los magnates, los políticos, los intelectuales de la región... todos ahí parados como en un festejo de barrio.

Minutos después, al final del salón vi a otro de mis héroes. Moisés Naím era alguien cuyos ensayos, libros y carrera había estado siguiendo por varios años. Y justo ahí estaba él, platicando con mi entonces jefe en el Foro Económico Mundial, Emilio Lozoya Austin, quien fungía como director para América Latina. Sin dudarlo, me dirigí hacia ellos para no perderme de la oportunidad de intercambiar al menos un par de palabras con él. Inmediatamente, con la cortesía y caballerosidad que un descendiente de la casta política mexicana suele tener, Emilio me presentó con el famoso intelectual y exministro venezolano.

—Y dime, Arturo —me dijo Moisés con su acento sudamericano—. Dime, ¿de cuál exministro mexicano eres hijo tú?

—No, Moisés —interrumpió inmediatamente Emilio, quien actualmente es director de Pemex y es hijo de un secretario de Estado del gobierno de Carlos Salinas de Gortari—. Aquí en el Foro creemos en la meritocracia —le dijo sonriendo.

—¿De verdad? —respondió de inmediato Naím—. Pues yo no creo.

—¿Tú no crees en la meritocracia? —le cuestionó Lozoya con sorpresa—.

—No, señor. Yo no creo que alguien como tú crea en la meritocracia —le dijo sin más apuro.

Hasta ahí quedó la cosa, y nunca supe si estaba bromeando Naím, o si estaba bromeando Lozoya, o si los dos hablaban en serio; o, peor aún, si se reían ambos. Pero desde aquel momento se me quedó grabada esa "extraña" palabra: meritocracia. Un poco más tarde me topé nuevamente a Rangel Sostmann, esperando su chamarra en un mostrador y revisando su *Blackberry*. Y con la soltura que te dan unas cuantas copas de vino suizo, me acerqué a él, dispuesto a hacerle una confesión.

—Doctor Rangel —le dije al abordarlo—. Me siento muy apenado con usted, porque nunca le agradecí personalmente por aquella intervención que hizo cuando me gradué del Tec. Yo jamás esperé ese resultado de la conversación que tuvimos.

Un hombre, que en sus veinticinco años de rector vio graduarse a miles de muchachas y muchachos, como le gusta llamarnos, obviamente no se puede acordar de todos. Me vio con cara de asustado y me pidió más detalles.

—Cuando me gradué en 2003, también recibí el Premio Cuauhtémoc-Moctezuma de liderazgo estudiantil, no sé si se acuerde. Usted me invitó a verlo en su oficina; ahí, le conté que acababa de recibir una carta de aceptación para estudiar una maestría en la escuela de Gobierno de Harvard, ¿se acuerda?

Todo parecía indicar que había comenzado a recordar la historia, pero yo podía notar todavía en sus ojos un poco de duda, como que no terminaba de acordarse de los detalles de mi caso.

—En fin, en ese entonces le platiqué que no había podido solicitar becas porque la mayoría exigían como requisito haberme graduado ya del Tec. Ya ve que me habían aceptado antes de graduarme. Le dije que no la iba a hacer, que mi familia todavía dependía económicamente de mí, que tenía deudas con el Tec y otras cosas que pagar, y que iba a tener que diferir un año y ver qué pasaba entonces. Y usted me dijo: "vamos a encontrar una forma".

En este punto, el doctor Rangel seguía mi historia con mucha atención. No sé si la recordaba o no, pero al menos parecía intrigado por conocer el desenlace. Así que proseguí.

—Pues dos días después de haberme reunido con usted, me hablaron de la oficina de Lorenzo Zambrano (en esos momentos presidente y director de Cemex, una de las cementeras más grandes del mundo). Cinco días después me reuní con el ingeniero y una semana después ya tenía los fondos en mi cuenta de banco. Y la siguiente semana me mudé a Boston. Todo pasó tan rápido que no me dio tiempo de volverlo a ver —le confesé.
—Pero todo salió muy bien, ¿verdad? —me dijo con una sonrisa fraternal, mostrando orgullo.
—Sí, doctor Rangel, aquí estamos ya del otro lado —le respondí con aprecio.
—¡Pues me da mucho gusto, muchacho, eh! Ya me voy, que mañana empieza esto muy temprano —despidiéndose así con su marcado acento norteño.

Ahí me quedé, atrás, viendo cómo se marchaba ese personaje carismático y dicharachero; el mismo que ayudó a crear el sistema de educación superior privada más importante de América Latina. Ese que rechazó la invitación que le hiciera el presidente electo Vicente Fox para ser el secretario de Educación Pública de México al darse cuenta, durante las reuniones que concertaba el equipo de transición, que el grupo no estaba realmente comprometido a buscar el cambio.

Salí del hotel caminando sobre nieve y hielo y me dirigí al pequeño departamento que me hospedaba durante esa semana en la que, como director asociado para Latinoamérica del Foro Económico Mundial, me tocaba recibir a presidentes, ministros, empresarios, académicos y líderes sociales de nuestra región. En el trayecto iba recordando la conversación y no pude evitar reírme un poco de mí mismo. Una parte de mí sentía un gran alivio, pues tenía varios años sintiéndome mal por no haberle dado las gracias al doctor Rangel por aquella intervención. Una parte de mí sentía un poco de vergüenza, porque ingenuamente pensé que se acordaba de todo ese cuento. En fin, lo único que quería era que supiera que su recomendación y la beca que Cemex me otorgó para cubrir algunos gastos de mi maestría habían sido un gran apoyo, y lo recibí justo cuando más lo necesitaba. Quería que supiera que, después de cuatro años y medio de partirme el alma en el Tec, cumpliendo con los requisitos de mi beca —primero deportiva y luego académica—, sacando las mejores calificaciones, haciendo mi servicio becario seguido de mi servicio social y trabajando al mismo tiempo para mantener a mi mamá y a mi hermana, aquel préstamo fue el enorme respiro que me permitió cerrar un duro ciclo de mi vida y comenzar un nuevo camino. Mi historia, que considero una de esfuerzo, indudablemente no hubiera sido la misma sin el toque de suerte que significó aquel acto de apoyo.

Y es que son historias como esta las que demuestran el enorme poder y, por qué no decirlo, la sincera generosidad de muchos miembros de la élite mexicana. Un pequeño gesto de Rafael Rangel Sostmann, a quien le tomó quizás cinco minutos hablar con Lorenzo Zambrano, en ese entonces presidente del Consejo del Tecnológico de Monterrey, cambió el curso de mi vida por completo. Una decisión del ingeniero Zambrano, quien sin conocerme decidió apoyarme usando el programa de becas de su empresa, se convirtió en el más grande detonador de mi carrera académica y del inicio de mi carrera profesional. Durante los tres años siguientes a mi graduación de Harvard, para cumplir con los requisitos de esa beca, trabajé para Cemex en el área de responsabilidad social corporativa. Y aunque vi a Zambrano muchas veces en el contexto profesional, solo tuve una oportunidad de agradecerle personalmente. "Yo sabía que valía la pena ayudarte", me dijo en esa ocasión.

Y esa es la razón por la que es bastante difícil para mí escribir este capítulo sobre *ellos*. La élite actual de México es un ser extraño que produce todo tipo de sentimientos entre sus súbditos. A quienes ha beneficiado, como fue por un breve momento mi caso, les genera una especie de lealtad casi ciega. A quienes ha agredido, como podría ser el caso de ciertos políticos o empresarios que se han pronunciado en contra de algunos de sus miembros, les genera un enorme odio y rencor. Nuestra élite política y económica no es un grupo homogéneo; no lo es ni en sus condiciones de vida, ni en su poder económico, ni en su visión del país. Pero sí se comporta como un club, una clase social calcificada que se autoperpetúa como grupo de poder, que se reconoce como tal y que comparte ciertas características culturales.

Podemos ser admiradores de nuestras élites, podemos verlas como el demonio encarnado, pero muy pocos en México somos indiferentes hacia ellas. Basta revisar la lista de *best sellers* recientes de la industria editorial mexicana: desde *La mafia del poder*, de Andrés Manuel López Obrador, hasta los más recientes trabajos periodísticos, como *Los juniors del poder*, de Francisco Cruz Jiménez; *Las amantes del poder*, de Sanjuana Martínez; y, sin duda, el excelente trabajo de Ricardo Raphael, titulado *El Mirreynato: la otra desigualdad*. Todos ellos nos narran, con distintas anécdotas, datos, entrevistas anónimas y una que otra referencia personal, la extravagante vida de los pocos que controlan el poder económico, político y mediático de nuestro país. En México estamos obsesionados con cada detalle de la vida de los ricos, poderosos y famosos.

"No se puede administrar lo que no se mide", dice un viejo adagio del mundo de los negocios. Y, en una idea similar, yo diría que no se puede resolver lo que no se entiende. A los mexicanos nos gusta mucho criticar pero hacemos poco por comprender a quienes criticamos, y tenemos que entender mejor que la corrupción, las actitudes antidemocráticas, la impunidad y la falta total de rendición de cuentas de quienes sustentan el poder político y económico del país son todos síntomas de un enfermedad mayor. Mientras no ataquemos las causas de raíz, los síntomas seguirán ahí. Y, más allá, es por esto que los mexicanos debemos entender que la cultura del privilegio, presente a lo largo de nuestra historia e imperante en nuestras élites actuales, no es consecuencia de sus condiciones de vida, sino más bien la causa de sus ambiciones y de los males de nuestro país.

El propósito de este capítulo no es utilizar la conducta de una sola persona, o de un grupo de personas, como evidencia de lo que quiero explicar. Cuando he recurrido a ejemplos específicos ha sido porque me parecen necesarios para dar una imagen más precisa de lo que hablo. Evidentemente, para cada historia personal siempre se podrá encontrar un caso contrario. La idea que creo debe prevalecer es, entonces, alejarnos del morbo, de la personalización del fenómeno, del chisme. La historia que quiero contar es la de la descomposición sistematizada e institucionalizada de un grupo social en particular. Una descomposición que ha creado una enorme cantidad de privilegios inmerecidos y una serie de incentivos generalizados que derivan en ciertos patrones predecibles de comportamiento.

Este capítulo tiene cuatro objetivos muy específicos. El primero es definir mejor a qué grupos y tipos de mexicanos nos referimos cuando hablamos de esta élite inmoral y antisocial; el segundo es entender las causas de la corrupción y su condición endémica; el tercero es proponer una manera de pensar en la impunidad.; y, por último, el cuarto es tratar de descubrir de dónde surge la cultura del privilegio. Antes de enfocarnos en estos, solo permítanme que volvamos brevemente a la historia nacional. Después de todo: quien no conoce la historia está condenado a repetirla.

Los logreros de la Revolución

En el capítulo anterior observamos con claridad que la cultura del privilegio no es algo nuevo en México. La actitud excluyente, inmoral e insensible de las élites ha sido en gran parte una herencia de nuestro origen monárquico y aristocrático. En un país que se fundó como una república democrática, pero cuyas élites han mostrado en repetidas ocasiones tentaciones imperialistas, la naturaleza del poder no se ha podido sacudir estos viejos vicios. Es por eso que a lo largo de la historia virreinal de la Nueva España, durante el primer siglo del México independiente y también a los largo del siglo XX, tanto el fracaso moral de nuestros gobernantes como la apropiación privada de los bienes públicos se han mantenido como una constante.

El Porfiriato, punto en el que nos quedamos en el capítulo anterior, fue un periodo de una tiranía casi fascista que algunos se atreven a justificar debido al progreso económico que vivió el país. Y, es cierto, el país creció como nunca, pero la situación seguía siendo pésima para la mayoría de los mexicanos, según cuenta Carlos Elizondo-Mayer. No había Estado de derecho; había un pequeño grupo que concentraba gran parte del poder y que vivía de pactar intercambios entre la autoridad y algunos grupos selectos de inversionistas. Además, existía un pacto político por encima de los arreglos institucionales, algo poco ajeno a lo que vemos hoy en día, y la ley no se aplicaba de la misma forma para todos. Por esta razón, el movimiento revolucionario tuvo como uno de sus objetivos el derrocar a esta plutocracia abusiva que puso a México nuevamente al servicio de los intereses de las fortunas de unos cuantos. Entre otras cosas, la lucha de Madero, Villa, Zapata y Carranza buscaba acabar de una vez por todas con la aristocracia.

Pero tal y como pasó después de Juárez, los ideales de igualdad ante la ley y de terminar con la plutocracia no duraron ni sus 15 minutos de fama. Es importante decir que muchos otros de los ideales revolucionarios sí tuvieron un gran impacto en el país y siguen vigentes hoy en día. Pero, nuevamente, tras la desastrosa guerra que, según el censo de 1921 mató a un millón de personas y afectó a más de 20% de los mexicanos, la nueva "familia revolucionaria" empezó poco a poco a hacerse de privilegios. Viendo el deterioro y la traición de quienes gobernaban, uno de los intelectuales más brillantes del momento, Jesús Silva Herzog, escribió en 1930: "La crisis de la Revolución Mexicana es de una extraordinaria virulencia y es, ante todo, digámoslo de una vez mil veces, una crisis moral con escasos precedentes en la historia del hombre". Para él, solo era posible superar esa crisis regresando a los principios del movimiento: libertad, igualdad y justicia, y siendo leales a ellos. ¿Pero quién iba a acordarse de estos mientras los "líderes" se repartían de nuevo el botín?

La situación que Silva Herzog observaba en las primeras décadas posrevolucionarias era terriblemente parecida a lo que vivimos hoy en día. Esta aseveración puede resultar desalentadora, pero no por eso menos precisa; basta subrayar la imagen que de esa época nos dejó el intelectual: "Hay algunos que después de haberse enriquecido en el gobierno, o en negocios con el gobierno por medios turbios y malas artes, son ahora hombres honrados y socialmente respetables y hasta filántropos". También podemos recordar que, ya para finales de la década de los cuarenta, el primer gran economista de México describió nuevamente los acontecimientos de esta forma: "El número de nuevos ricos y de ricos viejos cada vez más ricos, fue aumentando poco a poco. El progreso económico del país favoreció la capitalización interna y a la antigua burguesía porfirista, a la cual se sumó la nueva burguesía desgajada de nuestro gran movimiento social". En todas las épocas se cuecen habas.

Lamentablemente, la súplica de igualdad y de justicia de Silva Herzog no fue atendida, y la promesa de la Revolución de eliminar la injusticia social, terminar con los cacicazgos y latifundios y poner fin a la explotación del hombre por el hombre, tampoco se cumplió. Poco después, ya en la década de los cincuenta, el alemanismo dio por enterrada la esperanza que algunos fincaron de que la nueva clase política y económica del país fuera más decente que sus antecesoras. Así, la última mitad del siglo pasado, en la que se dio el *presidencialismo* y el *Milagro Mexicano*, la del movimiento estudiantil y las *décadas perdidas*, la de los tecnócratas y el camino a la transición, siguió cultivando el privilegio de los de arriba. Y sin un contrapeso importante en los casi cien años desde el final de la Revolución, la nueva élite posrevolucionaria se ha calcificado. Doscientos años de historia y México sigue siendo la misma cosa: desde Iturbide hasta Salinas de Gortari, desde los virreyes hasta Slim, desde Porfirio Díaz hasta Enrique Peña Nieto: México desigual desde siempre... Pero la pregunta importante es: ¿hasta cuándo?

Castañeda tiene razón

Jorge Castañeda ha sido siempre controversial, como escritor y como político. La descripción que, sin vacilación, de sí mismo hace como una "progenitura de la élite mexicana", sus textos y, sobre todo, su reciente autobiografía *Amarres perros*, nos abren una ventana al mundo del privilegio. "Ya hemos visto cómo el poder se ha concentrado brutalmente en México desde tiempos inmemoriales", escribe Castañeda, hijo de un afamado político y diplomático del viejo régimen. "Existe una sola compañía petrolera, un solo sindicato de maestros, una sola cadena televisiva de verdad (las demás son locales, o pasatiempos de sus dueños, o reservadas para programas de intelectuales que a nadie interesan), una compañía de cemento con dimensiones respetables, una compañía de luz, un fabricante de tortilla, uno de pan, un magnate cuya fortuna neta rebasa la suma de las de los siguientes veinte hombres más ricos del país", puntualiza.

Lo que hace Castañeda, más que describir, es demostrarnos lo que nuestra élite actual piensa del mérito. Por un lado, quien fuera secretario de Relaciones Exteriores en el gobierno de Vicente Fox, resalta que en países como Japón, Francia, Inglaterra y Corea del Sur continuamente disponen "de cuadros competentes, más o menos honrados, más o menos dinásticos, educados en las mismas universidades y escuelas preparatorias por profesores intercambiables y cursando materias idénticas", y que, en este sentido, todos esos países se han beneficiado enormemente de la vigencia y longevidad de su meritocracia. Buen punto. Por el otro lado —palabras más, palabras menos— nos dice que la idea del mérito como fuente de poder, dinero, privilegios y mando, procedentes únicamente del cargo, es antimexicana. Con la excepción de Hacienda, el Banco de México y nuestro servicio diplomático, según afirma, México no tiene una meritocracia pública y en el sector privado esta misma idea también resulta extraña. "El próximo director de la empresa será mi hijo; el próximo secretario de Estado será mi subalterno incondicional; el próximo entrenador de la selección será el que me aporte mayor afinidad con los poderes fácticos futbolísticos", apunta el afamado intelectual.

¿Pero, cómo podría ser antimexicana la cultura del mérito?, me pregunté mientras leía ese libro de Castañeda. ¿Acaso no concuerda con la promesa de equidad emanada de nuestra Revolución? ¿Acaso la meritocracia no es, como vimos antes, simplemente otra forma de llamar a los valores fundacionales de nuestra República? Tristemente, no. Para ascender en el México de hoy, como todos sabemos y aunque no lo queramos admitir, lo que más importa no es lo que conoces, sino a quién conoces. Las reglas son así en la cima de nuestra pirámide social. "Las redes se siembran y consolidan mejor cuando los vínculos se prodigan a partir de la convivencia íntima", afirma Ricardo Raphael. Y coincido, pero, como veremos en el siguiente capítulo, creo que esta aseveración no quiere decir que el mérito es un principio antimexicano. No. Esto quiere decir solamente que el mérito es una idea ajena para el México de *ellos*; que es un principio antiélite, más bien. Castañeda tiene razón... cuando los describe a *ellos*.

¿Y quiénes son *ellos*? Pues *ellos* son los jerarcas de hoy. Los que van terminando su turno en el poder y también los nuevos que lo heredan mientras escribo estas líneas. Los que con nostalgia recuerdan los muchos sacrificios que han hecho por mantener su estatus, y los jóvenes que ven a México como un tablero de ajedrez, planeando ya sus propios imperios. *Ellos*, los que 8 de cada 10 mexicanos piensan que gobiernan para sí mismos. *Ellos*, los que a toda hora, y en este mismo instante, usan sus funciones públicas para obtener beneficios privados: ya sea hacer un gran negocio violando abiertamente la ley, conseguir las mejores condiciones posibles para comprar una casa o "simplemente" llegar rápidamente al aeropuerto para iniciar unas vacaciones aunque esto implique utilizar un helicóptero de una dependencia pública. *Ellos*, los que cambian leyes para proteger sus intereses y los de sus socios. *Ellos*, los que abusan de su poder e influencia y actúan en detrimento de la sociedad. *Ellos*, los que, como ya dijimos, no nos tienen miedo, porque consideran que no tenemos forma de afectarlos. *Ellos*, y los muchos de *ellos* que ni siquiera conocemos porque solo dan la cara para salir en sus pósteres de campaña o para posar en las revistas sociales.

La de *ellos* es una clase social con una cultura ostentosa, corrupta, impune; una cultura que, además, también de acuerdo a Ricardo Raphael, desprecia a la nuestra, la cultura del esfuerzo. "Si lo único relevante es la fortuna y no importa el método para su obtención, el mérito y el denuedo terminan siendo arrojados por la escalera. Nunca han visitado sus neuronas las razones que legitiman la actual jerarquía social. La inmensa mayoría ya eran ricos al nacer porque alguien distinto a ellos dio el salto necesario; el gran golpe de suerte no fue suyo y sin embargo lo reivindican como propio", dice Raphael de los *mirreyes*.

Muchos en México considerarán exagerada y forzada la comparación de la aristocracia del Siglo XIX con los *cachorros revolucionarios* del siglo XX, con los *juniors* y *mirreyes* que toman sus puestos en el nuevo siglo. Muchos dirán que no todos los ricos son malos o faltos de ética, que no todos los políticos son corruptos. A estos les diría, como veremos al final de este capítulo, que la cultura del privilegio que define a nuestra élite no es solamente la cultura de aquellos que directa e intencionadamente dañan al país. También es la cultura de los muchos que se benefician de estas actividades y que, sabiendo esto, no hacen nada para detenerlas.

Corrupción, dinero y poder

Christopher Hayes, aquel joven escritor norteamericano del que hablamos con anterioridad, con su *Crepúsculo de las élites* se aventó un *home run*. En esta obra, Hayes le explicó por primera vez a sus compatriotas, en una forma concisa y sencilla, la razón por la cual los sistemas democráticos, incluido el de Estados Unidos, se estaban plagando de corruptos. El concepto fundamental se llama la *Ley de Gresham* y la idea que señala resulta muy fácil de entender para los mexicanos ya que tenemos nuestra propia versión de la misma: *el que no transa no avanza*. Las implicaciones son muy interesantes pues nos ayudan a entender por dónde podríamos empezar a cambiar las cosas.

Lo primero que hay que saber sobre la famosa *Ley de Gresham* es que figura desde 1858 como un principio económico y que viene de los tiempos en los que las monedas eran realmente hechas de metales preciosos y la gente podía hacerlas en su casa. Lo segundo que hay que conocer de esta ley es que explica un fenómeno muy sencillo: cuando se descubría que circulaban monedas *malas* —aquellas que pesaban lo mismo que las *buenas* pero estaban hechas de un metal de menor valor—, la gente empezó a guardar las buenas y a usar para comerciar solo las malas. Por ello, en su forma más simple esta ley explica cómo *el mal dinero desplaza al buen dinero* ya que eventualmente las malas monedas terminaron por convertirse en las únicas en circulación. La aportación de Hayes es que, para explicar cómo esta ley nos ayuda a entender la corrupción, usó una historia de la vida real, bien documentada, un escándalo de grandes proporciones en los Estados Unidos: el uso de esteroides en las Grandes Ligas del béisbol.

Aquí va una versión digerida —y adaptada al contexto mexicano— de la analogía de Hayes, ya que la que utiliza el autor en su libro es considerablemente más detallada. Imaginemos una liga de futbol profesional. Pensemos ahora que alguien desarrolla una nueva droga llamada *sprint*, que todavía no es detectable en los exámenes *antidoping* y cuyos efectos, entre otras cosas, hacen que los jugadores corran más rápido, tengan mejores reflejos, más fuerza y vigor. Uno de los equipos de la Liga descubre esta droga antes que los demás y empieza a ganar todos los partidos, ¡por golizas! Mientras más *sprint* toma el equipo, más se parecen al Santos Laguna —o al que consideren el mejor equipo de la Liga, pero recuerden que les dije que soy de Torreón—.

De la noche a la mañana, el equipo se convierte en un fenómeno mediático. Sus juegos en casa se llenan como nunca, las televisoras ganan *rating*, los estadios venden más cerveza, los valeros estacionan más coches, los jugadores ganan más dinero. Todo el mundo está feliz, excepto los equipos que se ven goleados. Pero los dueños de esos otros equipos, sus televisoras y sus valeros también están contentos cada vez que viene el equipo fenómeno a sus canchas y llena sus estadios. Eventualmente, un segundo equipo descubre la droga y obviamente, sin compartir el secreto, empieza con la misma dinámica. Siguiendo la cadenita, cada vez más equipos descubren la droga y tras consumirla juegan mejor; aquellos que se van quedando atrás eventualmente empiezan a doparse, y los que van adelante aumentan la dosis. Todos parecen estar ganando, excepto la lucha libre y otros deportes que se quedaron sin afición. Díganme, ¿creen que la Liga va a añadir esa nueva droga en una prueba *antidoping*?

Algunos de ustedes ya habrán entendido a dónde quiero llegar: la analogía con nuestro país. Ya vieron a la Liga como nuestra autoridad electoral, a los equipos como nuestros partidos políticos, a sus jugadores como los candidatos a distintos cargos de representación popular, ¿y la droga? Se preguntarán también otros. La droga es el dinero, y el poder corresponde a los puntos en la tabla general. Ah, se me olvidaba, en este caso las televisoras son, pues, las televisoras, y los valeros pueden ser cualquier empresa constructora —o del giro que ustedes quieran— que se beneficia en todo este juego. La moraleja es simple: en cualquier sistema político que adjudica tanto valor al dinero y que premia a los que más tienen, sin considerar los medios por los que llegaron a tener estos recursos, es imposible que no se premie también la corrupción y la transa.

El mal dinero desplaza al bueno, ¿recuerdan? Con esteroides, algunos beisbolistas rompieron las marcas de bateo de los otros, en el ejemplo de Hayes. Con la droga *sprint*, algunos equipos golearon a otros en nuestra liga de fantasía. Así es como, con más dinero, *los políticos corruptos desplazan a los honestos*... y lo mismo sucede entre empresarios cuando la competencia es desleal. El problema aquí es que no tenemos mecanismos para distinguir a los unos de los otros. ¿Por qué? Porque la autoridad no les aplica un *antidoping.* Los políticos corruptos y los empresarios desleales no solo vencen a los honestos: los golean, los aíslan, los castigan. ¿Y los *equipos* más corruptos y fraudulentos? Esos ganan la Copa: los mejores puestos, la mayor influencia y el mayor poder. Con suficiente dinero, como observó Silva Herzog, pueden comprar incluso respeto y admiración, mientras que aquellos honestos son vistos con desprecio y sospecha. Así funcionan las cosas en el mundo de la corrupción sistémica. Los malos sacando a los buenos de circulación. Y, mientras, los políticos corruptos y los empresarios desleales duermen en la misma cama —o para continuar con las metáforas deportivas: se cambian en el mismo vestidor—.

Pocas cosas han crecido más en las últimas dos décadas en México que el dinero en la política. En un periodo en el que el ingreso de los mexicanos creció menos de 1% en promedio al año, el presupuesto de los partidos políticos se quintuplicó. El sistema político de nuestro país gasta un estimado de 3 millones de dólares por día para mantenerse. ¿Y cuánto nos cuestan las elecciones? Mientras el costo de las elecciones presidenciales en los países desarrollados oscila entre $1 y $3 dólares por votante registrado, aquí nos cuesta $5.9 dólares por elector. México paga por la democracia el precio más caro en toda América Latina. Pero lo que es peor es que todo esto no es si siquiera la mayor parte de la *droga* que se meten nuestros equipos de la política. Todos los partidos políticos y, peligrosamente, los candidatos han tenido que recurrir al uso de otros recursos públicos, de financiación privada e incluso de deuda pública para seguir jugando en la Liga.

Pero, ¿cuánto dinero privado entra a este sistema político? Es imposible saberlo con certeza, pero Héctor Aguilar Camín hizo un pequeño cálculo de servilleta hace unos meses: "Supe de una joven poblana que fue a preguntar a un partido político de la ciudad qué necesitaba para ser diputada", escribió. "La respuesta fue: si quieres sentarte en la mesa para ganar, tienes que traer 15 millones. Oí la cifra como una exageración, pero escuché el mensaje: para sentarse a la mesa electoral de la democracia mexicana, con posibilidades de ganar, hay que llevar mucho dinero en la bolsa. En una reunión con lectores y empresarios de la ciudad de Monterrey hice la misma pregunta: ¿cuánto necesitan candidatos o candidatas para sentarse a la mesa donde se juega la gubernatura de Nuevo León? La gente de Monterrey, seria para el dinero, coincidió: entre 600 y 700 millones de pesos. Hubo quien dijo: 'Yo sé de uno que le metió 700 millones a su campaña y perdió'".

Como veremos más adelante, la *Ley de Gresham* no solamente nos deja con uno de los sistemas electorales y de partidos políticos más caros y, debemos decirlo, más corruptos del mundo. Nos deja además con dos problemas que, créanme, son todavía más graves: el primero es un gobierno repleto de personajes deshonestos que, como expliqué, ganan elecciones con dinero ajeno y en el proceso desplazan a personas que podrían ser mejores servidores públicos; y, el segundo, es una clase política estéril, amarrada desde su origen a los intereses que la apoyó, personalmente endeudados hasta el punto en el que, como veremos, tienen que endeudar a sus propios gobernados y dejarlos pagando, por décadas, aquellos platos rotos de su propia adicción al dinero.

Y quizás no hay mejor ejemplo reciente de la *Ley de Gresham* a la mexicana que el caso de mi estado natal, Coahuila de Zaragoza. Y sin duda alguna, tampoco hay mejor persona para hablarnos de este tema que Onésimo Flores Dewey.

La pregunta de Onésimo

Onésimo Flores Dewey
"Moreira III"
El Siglo de Torreón, enero de 2015

Cuando el PRI perdió la Presidencia de la República en el 2000, muchos gobernadores priistas se sacaron la lotería. Sin un jefe político nacional que los limitara, asumieron control de su partido a nivel local y repartieron candidaturas a su antojo. Con control absoluto sobre el presupuesto, fondearon campañas políticas con recursos públicos y desarticularon a la oposición partidista. Su dominio sobre la clase política local les permitió convertir al Poder Legislativo en mera oficialía de partes, y al Poder Judicial en herramienta mercenaria. Los organismos autónomos, tales como los Institutos Electorales y los Institutos de Acceso a la Información, fueron domados hasta transformarse en caricaturas de lo que fueron (o de lo que pudieron ser). En pocos años, una camada de gobernadores sometió a los alcaldes, compró a los medios, y cooptó a los grupos con representación social. La foto está más o menos clara. En muchos estados, el gobernador se transformó en rey.

Mi estado, Coahuila, es un buen ejemplo de todo lo anterior. El gobernador Humberto Moreira dispuso del presupuesto público a su antojo, dio la bienvenida al crimen organizado, y sentó bases para que un pequeño grupo de sus incondicionales amasara fortunas. A pesar de ello —o, más bien, precisamente por ello— no tuvo problemas para dejar a su hermano como sucesor en el trono, con una cómoda mayoría en el Congreso. Lo paradójico es que a la mitad del gobierno de Moreira II, el desorden y la corrupción del gobierno de Moreira I ya eran de dominio público.

Los coahuilenses conocíamos el monto de la deuda multimillonaria contratada sin autorización del Congreso y ejercida sin rendición de cuentas. Conocíamos las leoninas condiciones de pago acordadas con los bancos. Sabíamos que los principales colaboradores del exgobernador tenían decenas de propiedades en Texas y cuentas multimillonarias en el Caribe. Y sabíamos que el gobierno de Moreira II estaba (y está) comprometido con darle carpetazo al asunto. A pesar de toda esta información, ¡el PRI volvió a arrasar en las elecciones locales! El sistema de pesos y contrapesos ha sido socavado a tal grado en Coahuila, que ni la falta de presupuesto para obras ni los impunes escándalos de corrupción han hecho mella en la "gubernatura imperial".

Una explicación plausible es que las opciones que tiene el electorado en un estado como Coahuila son tan pobres que los ciudadanos se han dado por vencidos. Los candidatos y sus ideas generan tan poco entusiasmo que la gente prefiere quedarse en casa que salir a votar. Llegado el día de la elección, la maquinaria priista encuentra el camino despejado. ¿Cómo salir de este ciclo?

Ya es legalmente posible postularse a un cargo como la gubernatura sin la bendición de ningún partido, pero las reglas de las candidaturas ciudadanas están diseñadas para que todo aquel que lo intente fracase. Impulsar una transición desde las entrañas del mismo PRI también parece imposible en las condiciones actuales. Al menos hasta ahora, los priistas que han pretendido construir una alternativa a los Moreira en Coahuila, han terminado exiliados del estado. Siguen ahí, a la espera de que un presidente que luce cada vez más débil intervenga en su favor. Quizá ese momento nunca llegue.

Mientras tanto, los partidos nacionales de izquierda continúan siendo minúsculos en Coahuila. El Partido Verde, un poco más grande, es realmente un satélite del PRI. Hay un partido local —la UDC— que gana elecciones en algunos municipios, pero que carece de presencia territorial para ser competitivo a nivel estatal. El resto de los minipartidos locales comen de la mano del gobernador, y captan menos votos que una sociedad de alumnos. No soy panista, pero me atrevo a decir que bajo las condiciones actuales, solo el Partido Acción Nacional podría darle fin al "moreirato" en Coahuila. Lamentablemente, este partido parece decidido a sabotear sus propias posibilidades.

Me pregunto si la experiencia en otros estados será similar. Cada vez que se aproxima una elección, los líderes de ese partido gastan tinta y energía descalificándose entre sí. En lugar de disputarle al poder estatal la mejor silla del banquete —la de gobernador—, se patean abajo la mesa para repartirse las migajas —algunas regidurías y diputaciones plurinominales—. En lugar de abrirse a la sociedad, se encierran en su exclusivo club de socios.

Inmoral, ilegal, criminal

Ahora que entendemos mejor una de las principales fuentes de corrupción y la dinámica en la que opera el poder político en México, es importante abordar otro tema que comúnmente crea confusión entre la gente: el de la impunidad, sobre todo en nuestras élites. En los últimos años, la impunidad se ha convertido en el enemigo común del pueblo mexicano. Por todos lados se escucha la palabra, pero la realidad es que pocos entendemos realmente su significado.

"¡Acabemos con la impunidad!", grita el joven mientras marcha en la Ciudad de México, rayando el vidrio de una tienda con pintura durante una de las manifestaciones. "México necesita reducir la impunidad para atraer más inversión", dice el director de una empresa que consolida al máximo sus impuestos.

"Hemos tomado medidas contra la impunidad," dice el director de la paraestatal que no ha resuelto ninguna irregularidad en los gastos de su empresa pública. Pero ¿cuál impunidad? ¿La de quién, para quién, en qué caso? ¿Y en quién recae la autoridad y la responsabilidad de terminar con ella? Mejor vamos por pasos. Primero, definámosla bien.

La palabra impunidad viene del latín, *impunitas*, cuyo significado literal quiere decir: "sin castigo". En un sentido más amplio, la palabra impunidad significa: "sin consecuencias". "México es un país donde la impunidad es cosa de todos los días (...) y no hay metáfora en ello: según la estadística más confiable, de cada 100 delitos que se cometen solo se resuelven dos. Es decir, que 98 de ellos permanecen impunes: sin castigo ni consecuencias", afirma Ricardo Raphael. Aquí el profesor del CIDE hace referencia a la impunidad cotidiana, a la que nos afecta a todos nosotros. Pero, ¿a poco un robo de cartera, un asalto en el metro o el daño de propiedad privada con pintura tiene la misma importancia que los millones que se robaron en Coahuila que acabamos de repasar arriba en el texto de Onésimo Flores? ¿No deberíamos tener alguna manera de distinguir entre estos dos tipos de impunidad?

Considero que es fundamental hacerlo porque, como veremos en el capítulo 5 de este libro, la información es una condición necesaria, mas no suficiente, para comenzar a cambiar al país. Lo que quiero decir con esto es simple. En México, gracias a los medios y las redes sociales, cada día tenemos nuevos ejemplos de hechos, situaciones y declaraciones de miembros de nuestra élite política y económica que evidencian claramente la cultura de *ellos*, la cultura del privilegio. Lo que no tenemos es un filtro para darle una justa dimensión a estas evidencias, para ordenarlas, para darles el seguimiento que merecen algunas. En México hay mucho ruido y pocas nueces, y esto sucede por nuestra culpa. Nos falta, como sociedad, un sistema sencillo para categorizar dentro de lo malo, lo que es terriblemente malo, lo realmente malo y lo discutiblemente malo.

Entonces creo que debemos comenzar por ponernos de acuerdo en un sistema para analizar todos estos casos. Les propongo uno sencillo. Sin meternos en mucho rollo, podríamos decir que existen tres categorías: cualquier hecho puede ser inmoral, ilegal o criminal. Inmoral es aquel que va en contra de las normas y convenciones de la ética en turno; es el más cuestionable. Ilegal, como la palabra lo indica, es el que va en contra de lo que establece la ley, cualquier ley. Y, por último, criminal... pues los actos criminales están tipificados en el Código Penal, normalmente porque afectan directamente a terceros, en su persona o propiedad. Evidentemente estas categorías no son mutuamente excluyentes, pero sí son, en su conjunto, exhaustivas. Si lo que tenemos enfrente no cae en ninguna de las tres categorías, ni con la definición más amplia de impunidad podemos utilizar el término para referirnos al hecho. ¿Y todo esto para qué? ¿Para qué sirve una tipología de los hechos impunes? Para entender mejor su gravedad. Precisamente para eso.

Empecemos con algo sencillo. Hay actos que son claramente inmorales, pero que no son ilegales y que tampoco caen en el espacio criminal. Casi todos los días vemos algunos de ellos en la prensa nacional. Un buen ejemplo, cortesía de Luis Carlos Ugalde en *Nexos*: entre 2002 y 2014 los 31 congresos locales y la Asamblea Legislativa del Distrito Federal se pagaron casi 142 mil millones de pesos. En esos 12 años el presupuesto del Poder Legislativo federal creció 54% y el de estos congresos locales creció 110% sin que en la mayor parte de los casos exista justificación de esos incrementos. Cabe añadir que dichos incrementos fueron aprobados sin intervención o contrapeso de ningún otro poder, por decisión unilateral de estos funcionarios públicos, los propios legisladores. Un acto —o una serie de actos— claramente inmoral.

En este *cajón* podemos incluir también el aumento a las prerrogativas asignadas a los partidos políticos, evidentemente propuestos y aprobados por los mismos representantes de los partidos que se benefician de estos incrementos presupuestarios. En la inmoralidad también cae el hecho de que nuestros honorables legisladores redacten leyes que los benefician directamente; o bien, que nuestro íntegro Poder Judicial jamás castigue a los que forman parte de su tribu. En otras palabras, hay muchos ejemplos de actos inmorales que no solamente son legales, sino que más allá: se llevan a cabo precisamente utilizando las propias leyes, valiéndose de estas. ¿Podemos hablar de impunidad cuando una pésima legislación o una decisión administrativa inmoral, es en sí el crimen?

En segundo lugar, hay actos que son inmorales y también ilegales, pero que no hieren a personas directamente; o sea, que no son criminales. Aquí les va un caso reciente: Joaquín López Dóriga informó en 2014 que, después de algunos años de estarlo buscando, la Procuraduría General de la República finalmente detuvo al exsubdirector de Concursos y Deportes de Pronósticos para la Asistencia Pública, Héctor López, por estar implicado en un presunto fraude millonario en el sorteo Melate. Este finísimo ejemplar, a quien encontraron en el municipio de Ixtlahuaca de Rayón, en el Estado de México, está acusado de participar en un fraude por más de 110 millones de pesos en el sorteo Melate del día 22 de enero de 2012.

El tercer tipo, el que hemos considerado acto criminal, por naturaleza resultará también ser ilegal y, casi siempre, inmoral. Hablemos del caso Ayotzinapa. Los implicados en los crímenes de Ayotzinapa constituyen un ejemplo reciente que, por razones obvias, cae en esta categoría. Muchas de las actividades en las que han caído los grupos del crimen organizado en México —asesinatos, secuestros, extorsión, trata de personas— son actos horrendos, crímenes evidentes y, más que llamarlos criminales impunes, el Estado y la sociedad deberían hacer todo lo necesario para castigarlos. Podemos coincidir en que aquí no existe mucho lugar para el debate.

Pero hay casos más complicados. Repasemos un par: la empresa Bimbo gana 180 mil millones de pesos al año pero paga apenas 1.2% de impuestos. En cambio, una tiendita de la esquina, que gana 50 mil pesos al mes, paga 11 mil 200 pesos en impuestos; es decir, aporta al fisco 22% de sus ganancias. Si las misceláneas pudieran consolidar sus impuestos e implementar toda la ingeniería fiscal que aplica el gigante panadero, pagarían solo 500 pesos. Esto que acabo de describir es una situación que para muchos no entra en ninguna de las tres categorías. Si realmente existen mecanismos para hacerlo de acuerdo a la ley, entonces lo que hace Bimbo no es ilegal. Y la moralidad del asunto depende de considerar en qué teoría económica creemos. Acusar a Bimbo en este caso es difícil de defender.

Otro ejemplo: la Auditoría Superior de la Federación detectó irregularidades en más de 100 contratos de Pemex firmados entre 2003 y 2012. Las irregularidades detectadas, según *Reuters*, van desde "sobrecotizaciones de trabajos de mala calidad que no cumplieron especificaciones, hasta el fraude descarado, y abarcan alrededor de 8% de los 150 mil millones de dólares en contratos de ese año". Además, entre 2008 y 2012 los auditores emitieron 274 recomendaciones a Pemex para que tomara acciones contra las irregularidades en contratos. Pemex respondió a 268 casos, pero solo en tres tomó medidas que contemplaron el despido de "un puñado de empleados porque los órganos internos de control de la paraestatal desecharon 157 casos y, hasta diciembre de 2014, 108 casos seguían sin resolución".

Ahora les pregunto: ¿el caso de Pemex es inmoral, ilegal o criminal? Y, entre este caso y el caso anterior, si pudieran castigar solamente a uno de ellos, ¿contra cuál se irían? No hay respuestas exactas, pero este es, precisamente, el tipo de preguntas que como sociedad nos deberíamos hacer. Así la impunidad dejaría de ser esa tinta invisible que marca a todo tipo de actividades; dejaría de ser un término abstracto que no nos ayuda a tomar acción. Mejor que impune, habríamos de llamarles a las cosas como son: actos inmorales, ilegales y crímenes. Esto ayudaría también a que, como sociedad, desarrollemos mejores habilidades para evaluar con detenimiento situaciones más complejas antes de emitir un juicio.

Tener una cuenta de banco, por ejemplo, no es un acto inmoral en condiciones normales. Pero en el México de hoy, sí es ilegal tener cuentas de banco en el exterior y vivir en el país, sin declararlas al SAT. Por eso, cuando la prensa internacional descubrió que había más de dos mil 200 millones de dólares almacenados en las cuentas de HSBC en Suiza que estaban vinculados a mexicanos, la reacción pública fue bastante confusa. Si estas cuentas habían sido declaradas y los recursos depositados en ellas obtenidos lícitamente, entonces hay muy poco qué criticar en este caso. Pero los nombres de algunos familiares de servidores públicos, e incluso de algunos servidores públicos —como el de Luis Téllez, quien supuestamente ha vivido de sueldos del gobierno federal la mayor parte de las últimas dos décadas—, podrían ser lo que parecen: recursos obtenidos ilegal —o al menos inmoralmente—, por lo que es mejor tenerlos escondidos fuera de México.

Existe también otro tipo de hechos que es más difícil de entender y denostar. Estos son los actos inmorales de entes privados que gracias a ciertas maniobras, que por lo general requieren cabildeo o la omisión de alguna autoridad, son legales. Un ejemplo reciente: a principios de 2015,

Televisa y TV Azteca, dos gigantescas empresas a las que nunca el gobierno les cobró por las concesiones que recibieron, se ganaron otro favor: la multiprogramación de canales digitales adicionales sin pago extra alguno. Algo que en otros países se cobra, y que pudo haber generado una buena cantidad de recursos públicos y, además, mejorar las condiciones de competencia en el sector de telecomunicaciones, simplemente se dejó pasar. "Pese a que la ley lo facultaba, el pleno del Instituto Federal de Telecomunicaciones resolvió, en sesión extraordinaria, no establecer una contraprestación al duopolio", decía el diario *Reforma* cuando reportó la noticia en febrero de 2015. Inmoral, obviamente, pero no ilegal. Entonces pregunto: ¿quién cometió un crimen aquí? Yo me iría primero en contra del Ifetel.

Esto me lleva a otra reflexión. ¿Qué hacer cuando es el propio gobierno el que abusa de su poder en contra de su población, cuando nos traiciona de esta manera? ¿Quién goza de impunidad cuando las autoridades mismas son las que actúan de manera inmoral o ilegal? ¿Quién es el culpable, por ejemplo, en la devolución de impuestos por 63 mil millones de pesos a 20 grandes contribuyentes en 2011? ¿A quién acusamos? ¿a los grandes contribuyentes o al Sistema de Administración Tributaria? Sobre casos evidentes, como el del gobernador de Oaxaca, José Murat, cuya familia ha adquirido al menos cinco propiedades en Estados Unidos y del cual nos enteramos por el *New York Times*, ¿le podemos llamar impune a quien, gracias a su posición de poder e influencia, no se le ha acusado hasta la fecha de ningún crimen específico? No hay forma fácil de categorizar y valorar los daños que estos actos generan. Es difícil identificar cuáles son los actos cuyas consecuencias pesan más que otros, pues, salvo aquellos que atentan contra la vida humana, cuyo valor es incalculable, el peso de los demás puede ser relativo.

Es precisamente por estas dificultades que el clasificar estos actos nunca será una ciencia exacta y tenemos que guiarnos más bien por una "regla de dedo" socialmente aceptable. Este sistema está lejos de ser perfecto y probablemente no sea suficiente para conducir a la acción colectiva, pero por algo se empieza. Sería un paso importante si, como sociedad y de manera personal, tuviéramos las herramientas para analizar, entender y comunicar mejor estas categorías. Los medios de comunicación, al menos aquellos pocos que quedan con independencia, podrían asumir un papel central si tomaran en sus manos la tarea de ayudarnos a definir con claridad de qué estamos hablando; si especificaran qué ley se violó, la sanción que corresponde y a quién le corresponde decidir si hay culpabilidad o no. De no suceder esto, muy posiblemente seguiremos en este carnaval de malas noticias, de mucho griterío y de pocas consecuencias. Y, como hemos podido ver con todos estos ejemplos, de nuevo son *ellos* quienes terminan ganando. ¿Por qué? Porque el siguiente escándalo, sin importar la magnitud ni el número de personas a las que afecta, termina tapando al anterior. Así nos mantienen entretenidos, mientras seguimos bailando en este ruidoso y confuso carnaval de la impunidad.

La cultura de ellos

En este capítulo hemos tratado de mostrar una radiografía de la élite del México actual. Una élite que en gran medida es la heredera de una tradición aristocrática ancestral, y que Ricardo Raphael pinta como un régimen moral orgulloso de la sistemática e injusta asimetría, donde predominan la ostentación, la prepotencia, la impunidad, la corrupción, la discriminación, la desigualdad, el desprecio por la cultura del esfuerzo y, sobre todo, en el que impera el privilegio desmedido. Para concluir este apartado quisiera profundizar un poco más en esta cultura que hemos venido describiendo, por lo que trataré de enfocarme en las posibles causas de estos patrones de comportamiento. En pocas palabras, quisiera ofrecer una breve reflexión sobre dónde nace y qué origina la cultura de *ellos*, la cultura del privilegio.

El psicólogo Stephen Pinker distingue en el origen de todos los comportamientos humanos entre aquellos que son consecuencia de la manera en que fuimos educados, a los que llama *nurture* (crianza), y los que se relacionan con nuestra específica dotación de genes, llamados *nature* (naturaleza). Cada persona es un crucigrama de predisposiciones biológicas, traumas individuales y contextos sociales que activan diferentes patrones de comportamiento. Por eso es difícil hablar de la cultura en el contexto de una persona, y casi imposible comparar a dos seres humanos en este sentido. Lo que sí podemos hacer es tratar de dibujar un cuadro con ciertas condiciones de contexto y de naturaleza que tendrían mayores probabilidades de estar presentes en esta cultura.

Una primera dimensión que podemos analizar es la psicológica, y, en particular, la de ciertos mecanismos de control de impulsos. En 1972, el psicólogo Walter Mischel de la Universidad de Stanford hizo uno de los experimentos más famosos de la historia usando niños. Primero los sentaba en una mesa y les daba un malvavisco. Después les prometía que si podían resistirse a comer el malvavisco les daría dos en vez de uno. En esto, los científicos analizaron el tiempo en que cada niño resistía la tentación de comer el bombón, y si ello tuvo un efecto sobre su desempeño futuro. Los resultados fueron sorprendentes: los niños que pudieron resistir la tentación tuvieron resultados positivos en términos de logro académico, patrones de comportamiento y éxito en la vida adulta.

¿Y qué pasó con los niños que no pudieron con la tentación del bombón? Aquí hay de dos sopas: con suficiente atención, según recuenta el autor Daniel Goleman, estos niños pueden aprender algunos trucos para aguantar lo suficiente para obtener la gratificación prometida. Pero si no se atiende este problema, que por cierto se atribuye a un desarrollo inmaduro de los circuitos frontoestriatal y afines, el resultado es el de un adolescente o adulto con patrones de comportamiento nocivos. Por ejemplo, los niños golosos del experimento tuvieron una mayor propensión a las adicciones, un peor desempeño académico, y desarrollaron personalidades antisociales, dominantes y más violentas. Todo esto sucede sin importar el ambiente familiar y social en el que se desarrollan estos niños.

¿Te acuerdas de ese compañero *bully* o gandalla que quería robarse tu lonche? ¿El mismo que más adelante decía: "para qué estudias si puedes copiar"? Pues ese personaje es el mismo que busca ser parte de la cultura del privilegio. Aunque no lo diga abiertamente, seguramente piensa que para qué trabaja si puede robar. Y en realidad esto es así, pues tenemos una élite repleta de personas que evidentemente de niños no podían esperar ni quince minutos para obtener un premio. Por eso es víctima del pensamiento de corto plazo, por eso es impaciente y busca alcanzar rápidamente sus objetivos; por eso muestra una enorme falta de compromiso con la colectividad.

Una segunda dimensión que podemos analizar, que va más allá de la búsqueda de placer, es el sistema filosófico que guía a muchos en esta cultura. Y aquí solamente voy a hacer una incisión muy fina en este mundo de la reflexión y del pensamiento. Seguramente conocen o han escuchado la frase aquella de "el fin no justifica los medios"; bueno, pues lo opuesto a eso recibe el nombre de *consecuencialismo*, y está presente en todas partes en nuestra élite. Este tipo de pensamiento, en el cual algunas acciones o realidades que pueden ser dañinas para otras personas se toleran en nombre de un propósito mayor considerado como positivo, es uno de los dogmas dominantes de quienes detentan el poder en México.

Los ejemplos del *consecuencialismo* abundan: en principio, muchos de los funcionarios públicos que se ven envueltos en actos de corrupción, o que aceptan —en privado, normalmente— que alguna elección fue ganada con votos al margen de la ley, invocan después un objetivo que consideran moralmente superior y benéfico para la sociedad, y luego dan el asunto por sentado. "Le robamos la elección, pero ¿te imaginas lo que le hubiera pasado a México si ganaba ese tipejo?", dicen. Pero el *consecuencialismo* también es la filosofía de muchos líderes de los sectores privado y social del país. La fundación Vamos México, la ONG más favorecida durante el sexenio de Fox, apoyaba todo tipo de organizaciones sociales elitistas que utilizaban métodos engañosos, abusos psicológicos e incluso violaciones directas a derechos humanos —como lo son el caso de las esterilizaciones forzadas—, para cumplir sus *divinos* propósitos. Para *ellos*, el fin sí justifica los medios.

El *consecuencialismo* está ligado a una tercera dimensión que quiero abordar: la dimensión ético-moral. Y, en esto, en particular quiero hablar del *relativismo moral*. La cultura del privilegio tiene un grupo de normas morales que definitivamente difieren de aquellas que el resto de los mexicanos seguimos. Por ejemplo, la mayoría de nosotros no consideramos al erario público como un cajero automático personal, ni pagaríamos nuestros gastos personales con recursos del Estado. Sin embargo, eso es un comportamiento normal, una norma de los funcionarios públicos de alto nivel. Al cuestionarles ese comportamiento, cuando salen por ahí reportes de comidas millonarias o viajes de placer cargados al erario, la respuesta suele ser comparativa. "Si supieras cuánto se gasta mi jefe", dice alguno. "Gané la licitación bien, solo tuve que dar una mordida, ya no como la vez pasada que tuve que dar cuatro mordidas", dice otro.

A este tipo de pensamiento relativo y marginal le han dado otro nombre: *la banalidad del mal*. Un término utilizado por Hannah Arendt y que se refiere al caso de Adolf Eichmann, un nazi de nivel medio que participó indirectamente en el genocidio contra el pueblo judío. ¿Qué hizo Eichmann? Su trabajo era de escritorio, llenando formas con nombres de personas a quienes les tocaba ser exterminadas. Para Arendt, la maldad burocrática de Eichmann, quien nunca aceptó ser culpable, no siempre surgió de una mala intención, sino de un tipo de ignorancia burda: la incapacidad de juzgar. Arendt explicó cómo es que estas personas no saben pensar por sí mismas, aunque creen saber mucho. El resultado es una falta de empatía, de introspección y, en especial, de buenos juicios morales.

Esta falta de reflexión es lo que Hannah Arendt vio en Eichmann, y quizás es la que vemos nosotros en *ellos*. ¿Los exculpa esto? Claro que no. Cada quien debe asumir sus responsabilidades. Pero lo más importante acá no es eso, sino lo que haremos nosotros para cambiar el rumbo de la historia. La poca capacidad de juicio, o incluso el nihilismo que puede haber detrás de la cultura del privilegio, nos debe movilizar y empujar a seguir avanzando. Debemos cambiar el sistema como un todo y no solo a las personas, ya que, de no hacerlo, incluso una nueva élite basada en el mérito fácilmente podría volver a caer exactamente en los mismos círculos viciosos que hoy criticamos.

La última característica de esta cultura del privilegio que mencioné al inicio de este capítulo, es la que se puede comparar con la pertenencia a un club social. En este caso, algunos miembros son más activos, otros se consideran pasivos, pero todos se benefician al formar parte de este club. El evidente y enorme contraste entre las mejoras en calidad de vida y en riqueza de este grupo durante las últimas décadas, contra el deterioro económico del resto de la sociedad, es una prueba fehaciente de un comportamiento de grupo. Sin embargo, el club es, más que un concepto abstracto para algunos de sus miembros, algo muy real.

Permítanme volver a mis tiempos en Suiza. Durante las conferencias de Davos conocí a muchos empresarios mexicanos; algunos, los que mejor se portan, acudían con sus esposas. Muchas de ellas juegan un papel importante en el lado filantrópico de los grandes grupos empresariales y familiares, como lo hacen las primeras damas en la política al tomar la presidencia del DIF. En una conversación con una de estas mujeres de la élite, en sí misma una heredera directa de uno de los grandes imperios corporativos del país, le platiqué de un emprendedor social en el área de educación que habíamos invitado al evento y que estaba buscando apoyo para un excelente proyecto en México. Ella me pidió que organizara una reunión entre ellos y que estuviera presente. Así lo hice. Contacté a esta persona, un joven profesionista que dejó una prometedora carrera en el mundo financiero para dedicarse al reto educativo; una persona honesta, de mucho mérito. Le dije que la directora de una fundación que se dedicaba también al tema educativo quería conocerlo y en unas cuantas horas tenía ya a los dos frente a frente. Después de unos veinte minutos, tras una excelente presentación de la iniciativa, la mujer se veía muy entusiasmada; incluso le confirmó ahí mismo a este emprendedor social que tendría apoyo de su fundación.

—¿Y ya tienes a una persona en México para tomar el liderazgo de tu proyecto? —le preguntó esta aperlada mujer de alta sociedad.

—Sí, precisamente cuando recibimos el primer donativo de una fundación norteamericana, pude contratar a una persona que es excelente, con maestría en política educativa, con mucha experiencia, te va a encantar —respondió este emprendedor con una sonrisa de oreja a oreja.

—Lo siento, pero esto simplemente no va a funcionar. Desde ahorita tienes que saber que ustedes, pues simplemente no son parte del club, en México necesitan a alguien que los apoye, de adentro —dijo la señora. Momentos después sugirió a su propio hijo como director de la iniciativa.

Así ven *ellos* a México: el éxito no se gana con mérito, se hereda. ¿Y los que no forman parte del club? Pues, sencillo, que se conformen con las migajas. Durante varios años me tocó recibir, convivir y hablar de México con la élite del país. Por razones obvias, nunca me invitaron al club, eso lo debo de admitir. Pero de igual manera no hubiera podido aceptar la invitación, pues siempre he tenido una reacción casi visceral en contra de los clubes. Quizás es mi complejo juarista. De manera que regreso a la frase de Marx, no el ideólogo alemán, sino el comediante estadounidense Groucho Marx: "Jamás formaría parte de un club que me acepte como miembro".

CAPÍTULO CUATRO

Nosotros

Soy heredero de una cultura del esfuerzo, y no del privilegio.

Luis Donaldo Colosio

Mi mamá es alegre, gritona, cariñosa y muy introspectiva. A sus casi 50 años de edad, después de casi dos décadas de estar alejada de ella, tuvo que retomar su carrera docente por necesidad económica. Hoy todavía es maestra de primer año de primaria en una escuela pública en Monterrey. La mayoría de sus estudiantes son de bajos recursos y vienen de colonias que han sido alcanzadas por la enorme violencia y la crisis social que se vive en Nuevo León en tiempos recientes. Pero mi madre es también inamovible en su fe cristiana, y se involucra casi personalmente con cada uno de sus pupilos. Los interroga, los entiende, los anima, los reta... en otras palabras, los adora. En parte, porque le recuerdan a sus hijos a esa edad, pero también porque en ellos ve el futuro, y sabe que cada día, aunque sea por unas horas, lo tiene en sus manos.

Hace poco le pregunté sobre aquella vez que una maestra nos pidió a Adolfo y a mí interpretar a Benito Juárez. Mi madre está convencida de que en aquellos tiempos se gestó en mí el interés por los temas de desarrollo y de políticas públicas.

—¿Y qué paso con el otro Benito Juárez? —le pregunto buscando huecos en su teoría.

Aquí me refiero a Adolfo mi hermano, mi gemelo idéntico. Lo platicamos largamente mientras caminamos desde su pequeño departamento hacia el parque de la esquina. Su mascota, Mía, una perrita chihuahua no muy fina pero bastante simpática, la hace de guía. Un poco en broma, un poco en serio, acordamos finalmente que el subconsciente le jugó a mi hermano un truco similar. Solo que lo que le quedó a Adolfo de aquella experiencia de nuestra infancia fue, más bien, la puesta en escena. Desde los 12 años, como él mismo lo ha dicho, siempre tuvo muy en claro cuál era su vocación: él quería ser cineasta, quería contar historias. Sin precedente alguno en la familia, sin recursos y sin referentes locales en Torreón, en aquel entonces sus oportunidades de realizarse en ese ámbito no eran muy esperanzadoras. Otros jóvenes mexicanos con la misma aspiración pero en condiciones distintas, en ciudades más grandes, se podían ir involucrando en la industria, o en el mundo de los comerciales y de videos musicales, mucho antes que Adolfo. Pero si algo tiene mi hermano es determinación. Poco a poco fue construyendo una carrera en el mundo de las películas; ese mundo que lo ha llevado a contar historias muy interesantes. Curiosamente, aunque él todavía no lo sabe, su trayectoria fílmica de cierta forma ha inspirado este libro: su tema principal, el que une a todas sus películas, es precisamente el del mérito.

Un botón como prueba para que vean por qué pienso esto. En 2006, junto con su socio Vidal Cantú, Adolfo conoció la historia de un joven regiomontano que tras un accidente automovilístico quedó parapléjico. Su nombre es Juan Ángel Ruiz y a sus 37 años de edad ya vivió el triple del tiempo que sus doctores estimaron que le quedaba. Ahora Juan Ángel no solamente sigue vivo, sino que desde su accidente se ha dedicado incansablemente a concientizar a los jóvenes sobre riesgos innecesarios que corren; busca motivarlos a trabajar para alcanzar sus ideales y ayudarlos a ser las mejores personas que puedan ser. A través de la labor que realiza por medio de su fundación, y de sus continuas presentaciones públicas, es un ejemplo de amor, optimismo y esfuerzo. Adolfo y Vidal capturaron esta increíble e inspiradora historia en un pequeño documental llamado *Con los pies en el cielo*. La de Juan Ángel es una verdadera historia de mérito: ha trabajado sin pausa para alcanzar todas sus metas, rebasando expectativas en todos los campos, luchando contra todo tipo de obstáculos y haciendo lo necesario para transformar la adversidad en oportunidad.

No mucho tiempo después, Adolfo y Vidal jugaron un papel crucial en el rodaje de otra película: un *remake* que narra la historia de un grupo de niños de bajos recursos que en 1956 ganaron el campeonato regional y después nacional de béisbol de ligas pequeñas en México. Como premio por esta gran hazaña, un grupo de empresarios les consiguió un viaje a McAllen, Texas, para participar en un juego de "exhibición" contra un equipo de esta localidad texana. Si alguien tenía esperanza alguna de ese juego era que no les pusieran una paliza a nuestros niños, pero el resultado fue mucho mejor que eso. Los campeoncitos nacionales dieron una cátedra de béisbol a su rivales norteamericanos. No voy a contar a detalle el resto de la historia; lo importante aquí es cómo un grupo de niños le demostró al país entero que —con el esfuerzo como base, con dedicación y entrega— *sí se puede* lograr lo que uno se propone. Se trata por ello de una historia de fe y, sobre todo, de una historia que nos permite ver cómo el mérito puede ser la base del éxito.

Permítanme contarles una historia más. Imagínense esta escena: Felipe Calderón entra a una cena de gala en su honor en la Casa Blanca —la de Barack Obama, no la de *La Gaviota*— sin saber que le habían preparado una enorme sorpresa. El presidente anfitrión, con mucho orgullo anuncia el *show* principal de la noche: el talentoso dúo de guitarristas mexicanos *Rodrigo y Gabriela*. Calderón, según dicen algunos que estuvieron presentes, se quedó con cara de "*what?*" y seguramente muchos de ustedes también se habrían quedado con el mismo gesto por la sorpresa de ir a parar a un evento gringo para conocer a esos talentosos músicos mexicanos. La de Rodrigo Sánchez y Gabriela Quintero es una historia increíble de mérito musical, profesional y también personal. Pero como se ha dado en el caso de muchas historias de mexicanos exitosos, lamentablemente no ocurrió en nuestro país: Rodrigo y Gabriela tuvieron que salir de México para crecer y ser reconocidos.

Todos estos son indudablemente grandes ejemplos de personas que lograron mucho sin recurrir a ninguno de los vicios que afligen a nuestra élite política y de negocios —que ya repasamos en el capítulo anterior—. Para decirlo explícitamente, todos ellos alcanzaron éxito y reconocimiento sin valerse del nepotismo, sin violar la ley, sin apropiarse de nada ajeno. Son historias de personas que contribuyen a construir el país que queremos, el que nosotros nos merecemos y no el que —por culpa de la élite actual— tenemos. Son historias de personas que nos hacen sentir orgullosos de ser mexicanos, que nos inspiran, que nos enseñan, que nos demuestran los otros valores que tenemos en el país. Son historias, simplemente, que no serían dignas de contarse si no fueran casos de mérito, ¿o sí? ¿Sentiríamos la misma admiración por Juan Ángel si su fundación fuera utilizada por grandes empresarios para evadir impuestos? ¿Hablaríamos igual de los niños campeones si hubieran tenido todos los recursos imaginables a su disposición para nutrirse, dedicarse y entrenarse mejor que los equipos que vencieron? ¿Serían Rodrigo y Gabriela dignos de la misma admiración si un ejecutivo de Televisa hubiera "descubierto su talento" y los hubiera ayudado en todo lo necesario para formarse como músicos desde el principio?

Es así como llegamos a la pregunta opuesta a la que respondimos en el capítulo anterior. ¿Qué hacemos cuando el mérito, el éxito y el reconocimiento que de él puede surgir se convierten en una fuente de privilegio? ¿Cómo juzgamos a una persona que critica los privilegios excesivos para convertirse, después, en lo mismo? Curiosamente, hay dos películas más de Adolfo que tratan de vidas en las que los mundos del mérito y del privilegio se mezclan. La primera es su última película y la más exitosa que ha hecho hasta la fecha: me refiero a la película de 2014 titulada *Cantinflas*, dirigida por Sebastián del Amo. Una cinta que, además de ser una de las más taquilleras del año, fue escogida como representante de México para competir por el Oscar en la categoría de mejor película extranjera. La segunda es una desconocida y olvidada película que mi hermano hizo en 2004, una especie de documental privado, llamada *Colosio, testimonios de vida*. Cada uno de estos dos filmes, a su manera, nos enseña lo que sucede cuando estas culturas se encuentran y las personas involucradas se enfrentan a decisiones difíciles, a tentaciones peligrosas y a dilemas comunes de la naturaleza humana.

Bienvenidos al club

A bote pronto, Mario Moreno "Cantinflas" y Luis Donaldo Colosio son dos personajes que no tienen mucho en común. Uno, actor talentoso y extrovertido, un genio en el escenario, un producto de exportación y de reconocimiento internacional para México. El otro, político discreto, preparado, que llegó al último peldaño del poder y cuyo salvaje asesinato terminó siendo, más bien, una fuente de vergüenza nacional. El primero creó un personaje que lo inmortalizó. El segundo quedó inmortalizado antes de que nos pudiera demostrar qué tipo de personaje realmente era. A Moreno lo alabó el pueblo mexicano por su severa crítica social; a Colosio, la ciudadanía pudo haberle reclamado no ser suficientemente crítico.

Pero en muchas cosas, estos dos hombres —que ya forman parte del acervo histórico del país— fueron muy parecidos. Los dos nacieron en pueblitos: Moreno en Santa María la Ribera, en el Distrito Federal; Colosio en Magdalena de Kino, Sonora. Los dos tuvieron infancias comunes, sencillas y humildes. Los dos trazaron sus propios caminos y, según recuentan quienes los conocieron, trabajaban incansablemente; eran líderes natos. Los dos llegaron a la cima de sus carreras enfrentando grandes resistencias de aquellos a quienes incomodaban, y los dos supieron jugar bien sus cartas. Tanto Mario Moreno como Luis Donaldo Colosio representan ejemplos de gran mérito personal. Sus historias demuestran que la movilidad social en México, por más improbable que sea, sí existe. Son, en resumen, dos grandes ejemplos de mérito que, como veremos al final de este libro, corren el riesgo de ser utilizados por la élite para decir que "el ascensor sí funciona".

Y es precisamente esto, su mérito, lo que llevó a ambos a enfrentar la misma disyuntiva. En algún momento de sus vidas, tanto Mario Moreno como Luis Donaldo Colosio estuvieron muy cerca de la *élite del privilegio,* del *club de ellos.* Los dos tuvieron, porque así lo buscaron, acceso al poder. Primero de manera indirecta, siendo amigos o colaboradores de políticos y empresarios poderosos; pero después también de manera directa, pues ambos formaron parte de la élite del país. Moreno, con más poder económico y menor influencia política; Colosio con justo lo opuesto: más injerencia en la vida nacional y de su partido y menos riqueza personal. Pero más allá de esta evidente comparación, lo que quiero plantear aquí son dos preguntas concretas: ¿cómo afectó este cambio de vida en el comportamiento, hábitos y valores de estos personajes?, ¿y qué otras opciones tenían?

Empiezo con Mario Moreno, pues su vida está bastante bien documentada. Es bien sabido, por ejemplo, que tras su salto a la fama, tuvo grandes aspiraciones políticas; o, más bien, frustraciones políticas. Según cuenta David Santa Cruz en *Forbes,* sus intentos por ser el máximo líder del sindicato de actores en México fracasaron, pues fue siempre superado por otro gran ídolo: Jorge Negrete. En lo que no fracasó fue en convertirse en un próspero hombre de negocios. Es difícil creerlo, pero pareciera que el mimo de México, el que salió del pueblo mismo y que en su personaje generoso, valiente, bonachón, lo emulaba; el que como cartero, policía y diputado salía siempre perdiendo al final de sus películas, en su vida real era lo opuesto. El poder lo sedujo, el dinero lo cambió, la ambición y el privilegio lo atraparon. Así vivió hasta el final de sus días con enormes privilegios. ¿Pero cambió su cultura? ¿Dio el salto de la cultura del mérito a la del privilegio?

Muchos creen que sí, que esa misma voz que usó para defender al pueblo ante los que se consideraban los mayores retos de aquellos tiempos, la voz que cargaba con una enorme autoridad moral para criticar a los que oprimían y abusaban del poder, se fue desvaneciendo entre los aplausos, los reconocimientos y los escándalos. "Hacia el final de su carrera", nos dice Santa Cruz, "Cantinflas hablaba cada vez más como el político del que se burlaba. Si vemos con ojo crítico sus películas veremos que terminó por convertirse en el vínculo del discurso oficial del gobierno con la población". Otros consideran que en algún momento Mario Moreno se arrepintió, se avergonzó de haber "traicionado a su clase" y trató de enmendar el mal mediante una serie de discursos, en sus películas y entrevistas, en los que mostraba una nueva consciencia social. "Mario Moreno y Cantinflas, que son lo mismo, sueñan en que haya un mundo más humanizado, donde podamos vivir en paz y con tranquilidad todos los seres del mundo", dijo el mismo Cantinflas en una de sus últimas entrevistas.

Por el otro lado, Luis Donaldo Colosio nunca fue realmente una figura pública; al menos no en el mismo sentido que Cantinflas. En parte, porque en el sexenio de Salinas de Gortari no se valía opacar al presidente —y su gabinete, del cual formaba parte, lo sabía—. También porque Luis Donaldo no era un hombre que buscaba los reflectores de la misma forma que algunos de sus contemporáneos, como Manuel Camacho Solís. Colosio era, realmente, un hombre de trabajo. En 1974, mientras cursaba su doctorado en Pennsylvania, escribió una carta a su padre en la que, entre otras cosas, le decía: "Permíteme citar la anécdota aquella que solías contarme de un hombre que tenía, según él, muy buena suerte, y que entre más trabajaba, más suerte tenía; así, considero que la suerte continuará de mi parte si sostengo el plan de trabajo que me he trazado".

Samuel Palma, un colaborador cercano a Luis Donaldo nos cuenta, en *A diez años, Colosio habla*, que mientras "algunos analistas asumían a Donaldo como hechura de Carlos Salinas, quien conociese la biografía, la correspondencia y la vehemencia de Donaldo para defender sus convicciones, sabía del error de considerarlo así. Tenía un perfil disciplinado a las necesidades de pertenencia y de lealtad a un equipo de gobierno, pero contaba con un macizo en su formación verdaderamente a favor de la cultura del esfuerzo, le irritaban los abusos y la corrupción, su distancia respecto a las prácticas de intercambio de favores y de negocios personales o familiares fue muy clara, su ánimo de independencia era muy fuerte".

Para muchos, existe evidencia de que Luis Donaldo trató de luchar contra la cultura imperante en el PRI de sus tiempos. En el famoso discurso del 6 de marzo de 1994, el que dio ante una plaza repleta de sus correligionarios, con el Monumento a la Revolución de fondo, Luis Donaldo Colosio dejó en claro que su camino había sido producto del mérito. Que fue a través del esfuerzo que se abrió oportunidades: "las de estudiar; las de especializarme; las de participar en política, como diputado federal, como senador por Sonora; las de servir a un gobierno, desde niveles modestos hasta llegar a encabezar los esfuerzos en la Secretaría de Desarrollo Social", dijo ese día en la Ciudad de México.

Lamentablemente, a pesar de los muchos intentos por esclarecer el magnicidio de Lomas Taurinas, la teoría del asesino solitario sigue siendo la "verdad histórica" en este caso. Por ello, nunca sabremos si Luis Donaldo Colosio Murrieta sería uno más del montón de presidentes débiles, oportunistas y poco efectivos que han fracasado en cumplir con sus promesas —como aquellos de los que hablamos en el primer capítulo—, o si el sonorense aquel que recitaba de memoria a Jaime Sabines, con su sonrisa sincera y actitud modesta, pudo haber instaurado una nueva cultura del mérito a la silla presidencial. Lo único que sabemos es que Colosio intentó hacer algo, desde adentro, y pagó un precio muy alto; el más alto quizás.

Castañeda se equivoca

Vuelvo a mi intelectual favorito, mi filósofo y sociólogo de bolsillo, el profesor de la UNAM Jorge Castañeda. Ahora me enfoco, no en su más reciente autobiografía, sino en su libro anterior, una especie de radiografía de nuestro México llamada *Mañana o pasado: El misterio de los mexicanos*. Al describir algunos rasgos que nos definen como país, Castañeda elige tres características que resumen, según él, nuestra cultura. Dice que los mexicanos mostramos un ferviente rechazo a la confrontación, que somos adversos a la competencia y que no nos gusta la controversia. Esto, asegura, hace que nuestra cultura, particularmente la cultura política, esté no solamente poco preparada para la democracia, sino que sea "completamente incompatible con una democracia eficaz, socialmente aceptada y plenamente libre".

Ahora permítanme regresar a la principal propuesta de este pequeño libro que tienen en sus manos. Si me pidieran describir en un enunciado de qué se trata en el fondo este texto, diría que habla sobre la *otra* cultura del mexicano. Diría que habla de la cultura que, si bien no es la que más *vende* ni la que caracteriza las historias que ocupan las primeras planas de los periódicos, definitivamente también existe y merece reconocimiento. Tenemos que notar las historias de mérito, las historias de gente como Juan Ángel, la de los niños campeones, la de Rodrigo y Gabriela. Tenemos que apreciar el esfuerzo de Mario Moreno y Luis Donaldo Colosio y, asimismo, preguntarnos por qué, si fuera el caso, traicionaron sus valores e ideales. Es imperante dejar atrás el fatalismo cultural, el determinismo miope de los que nos quieren reducir a tres características, que además de ser completamente falsas, buscan culparnos a *nosotros* por el deterioro de nuestro país. En otras palabras, si el capítulo anterior intentaba destilar la cultura de *ellos*, la del privilegio, entender las dinámicas por las cuales se mezclan la ambición, el poder y el dinero, en este capítulo quiero enfocarme en la cultura de *nosotros*. ¿Y quiénes somos *nosotros*? *Nosotros* somos el futuro de México. *Nosotros* somos las miles de personas en el país que, con nuestro talento, empeño, compromiso y dedicación, no solo podemos, sino que además tenemos la obligación de desplazarlos a *ellos* y sacar al país adelante. *Nosotros*, señor Castañeda, no tenemos ninguna aversión a competir, pelear o ser controvertidos; y no es así porque, por un lado, no nos dejan otra opción, y, por el otro, porque sabemos que podemos ganar.

¿Le quisieran preguntar a Juan Ángel Ruiz si rechaza la competencia o la confrontación? Adelante, háganlo. Pero hay que recordar que Juan Ángel se confronta todos los días de su vida con la muerte misma, pues ni siquiera puede respirar sin ayuda externa. Y todos los días compite incluso contra gente como el mismo Castañeda, por escenarios y espacios para llevar su mensaje de esperanza y no llenar de pesimismo a los mexicanos. A Rodrigo y Gabriela también les tocó competir en México y en Europa, y tampoco les es ajena la controversia. A los niños campeones tampoco les dio miedo competir, ni confrontarse, uno por uno, contra equipos de niños que medían el doble que ellos y que, a pesar de eso, salieron vencedores. Y no solo a ellos. Pregunten también al funcionario honesto que ha dedicado su vida profesional entera al servicio público y que ha luchado incansablemente contra la corrupción y la degradación moral que infectan a casi todas las instituciones mexicanas. Vayan con los maestros de primaria, como mi madre, que todos los días trata de inculcar en sus pupilos los valores que ni se mencionan en sus casas. Vayan con el dueño de un restaurante de hamburguesas al que le han clausurado el local más de tres veces en seis meses por no querer dar *mordidas* y que, sin embargo, no ha abandonado su sueño.

La fuerza del *nosotros* yace en nuestra cultura, pues es la única herramienta que impide que el día de mañana nos convirtamos en *ellos*. Una parte importante de esta cultura —insisto, de *nuestra* cultura— es lo que Colosio llamaba el "esfuerzo cotidiano". Pero más allá de sentirnos satisfechos por los resultados de nuestro esfuerzo, nos importa también la calidad del proceso, el defender y presumir nuestros valores y cimentar los aprendizajes que vamos sumando para poder buscar nuevos retos en el futuro. Por eso la cultura de *nosotros* es más que la cultura del esfuerzo, más que apreciar la inteligencia y la sabiduría, más que la búsqueda incansable por la verdad, más que la noción del bien común, más que el rigor ético y moral, más que ser valiente, más que saber cuándo dejar que otros sigan la lucha. Es el reconocimiento de todos estos méritos en su conjunto; por eso le llamo *la cultura del mérito* y *nosotros* nos reconocemos como parte de ella.

El precio de participar

De cierta manera, la situación a la que se enfrentó Mario Moreno es comparable a la que en su tiempo enfrentó Luis Donaldo Colosio. Los dos estaban determinados a emplear su pasión, su intelecto y su energía para alcanzar algo que iba más allá del beneficio propio. Los dos amaban apasionadamente a su país. Los dos tuvieron que enfrentarse con las realidades de la política mexicana, y los dos decidieron entrarle al toro. Lo vivido por Mario Moreno, y también lo vivido por Luis Donaldo Colosio, coincide con uno de los dilemas éticos más estudiados por los filósofos en la historia. Existen muchas versiones del mismo, algunas más claras que otras, pero la pregunta fundamental es siempre la misma: ¿cuál es la mejor acción moral en estos casos? La respuesta, sin embargo, varía mucho dependiendo de las circunstancias.

Esto es algo que siempre me ha intrigado, pues yo mismo me he enfrentado con este dilema varias veces en mi vida. La última vez fue cuando me invitaron a sumarme a la campaña de Enrique Peña Nieto por la Presidencia de México. Pensé: ¿sería posible hacer el bien en el contexto de algo que yo consideraba malo? ¿Serviría de algo mi esfuerzo, dedicación y determinación para trabajar en beneficio de mi país en medio de un mar de personas con intereses opuestos a los míos y a los que yo considero los intereses de las mayorías? Eventualmente, el dilema resultó más fácil de resolver de lo que al principio me pareció. Como dice el viejo refrán, "el pescado se pudre por la cabeza", y aunque considero que el equipo que formó el ahora presidente de México tiene personas muy valiosas, hubiera sido prácticamente imposible hacer el bien con un liderazgo podrido.

Para mi suerte, además, no mucho tiempo después de la elección de 2012 conocí al filósofo de Oxford David Rodin y aproveché la oportunidad para hacerle dos preguntas que me ayudaron a resolver mi duda existencial.

—David, ¿se puede ser bueno en el contexto de un mal mayor? —le dije aludiendo a la oportunidad que tuve de trabajar en un gobierno que considero moralmente desarmado.

—Te doy un ejemplo clásico. Imagínate que un tren corre fuera de control. En su camino hay cinco personas atadas a la vía. Afortunadamente, es posible accionar un botón que encaminará al tren por una vía diferente, pero desgraciadamente, hay otra persona atada a esta. ¿Pulsarías el botón? —me preguntó.

—No lo sé —respondí titubeando un poco.

Me contó que la gran mayoría de los que consideran este problema creen que está permitido apretar el botón, al sentir que no solo es una acción permitida, sino también la mejor opción moral, en vez de no hacer nada.

—Pues sigo sin saber si lo haría, pero gracias por darme la respuesta más popular —le dije bromeando.

—A ver, qué piensas de este caso: la historia es la misma, pero en lugar de accionar un botón para salvar a las cinco personas, tienes que empujar tú mismo a la persona que con su cuerpo detendrá al tren. ¿Cuánta gente crees que decide que empujar a la persona es la mejor acción moral en este caso? Una pequeñísima minoría normalmente —me platicó.

Me quedé pensando un rato mientras nos servían de cenar.

—Supongo que la diferencia es la distancia personal con el hecho. Pulsar un botón es una manera indirecta de hacer algo, y no tienes certeza de que el botón funcione, o de que eres el único que hizo algo en ese momento. Empujar a la persona, por el otro lado, es una acción consciente —continué.

—Por ahí va el cuento —me respondió brevemente.

Le dije que no todos los días tenía la oportunidad de hablar con un filósofo de verdad y le pedí que me respondiera una pregunta más. Accedió amablemente.

—¿Se puede trabajar para gente que le hace daño al país y no ser parte de *ellos*?

Como buen filósofo, me respondió con otro cuento.

—Hay una anécdota que se le atribuye a Churchill en la que le pregunta a una señora de sociedad: "¿Se acostaría usted conmigo por 5 millones de libras?". A lo que ella contesta: "Bueno, Mr. Churchill, claro que sí, pero habría que acordar las condiciones". Seguido él le dice: "¿Se acostaría usted conmigo por 5 libras?". Y ella, ofendida, replica: "¡Pero Mr. Churchill!, ¿qué tipo de mujer cree usted que soy?". Él le contesta: "El tipo de mujer que es usted ya quedó establecido. Ahora simplemente estamos negociando el precio". ¿Qué piensas de esta anécdota? —me preguntó para saber si me había dejado más confundido que antes, como suelen hacer estos pensadores utilitaristas.

—Me parece que la lección es sencilla —respondí—. Que la integridad no se mide por el precio que se pacta para ir en contra de tus principios, sino por el simple hecho de aprovecharse de las circunstancias.

Y ahí terminó la conversación.

No soy tan ingenuo como para pensar que en la política, o en la vida en general, se puede navegar sin tener que enfrentar este tipo de dilemas. Sé que estas decisiones están presentes por todos lados, en los corredores del poder, en las salas del Congreso, en los vestíbulos de Los Pinos. Pero pienso que la manera de resolver cada caso, al menos para mí, puede ser muy distinta a la del relativismo moral, esa doctrina que fortalece a la cultura del privilegio. Mi forma de abordar cada dilema posee dos partes. La primera es que si un día decido presionar ese botón, involucrarme con algo que considero malo porque veo la oportunidad de lograr algo bueno, sé que debo asumir todos los costos, en términos absolutos. Cuando desvías ese tren, directa o indirectamente, no salvaste a cuatro personas, en términos relativos. Salvaste a cinco seres humanos, pero mataste a uno, y debes asumirte como asesino.

La segunda parte de mi respuesta viene de la analogía de Churchill. En la política, en la familia, en las amistades, en el matrimonio y en el trabajo, el liderazgo moral se ejerce precisamente con integridad y congruencia. Me da lo mismo si la señora de sociedad con la que hablaba Churchill era promiscua o no, si buscaba dinero o la compañía de un hombre o simplemente estaba aburrida. Yo no suelo juzgar la vida personal de los demás, a menos de que, mediante sus decisiones o actos, afecten la libertad de otros. Lo que sí juzgo es la hipocresía y la incongruencia. Si esa señora quisiera navegar con bandera de virgen y criticar a otras mujeres por lo mismo que ella estaba a punto de hacer, ahí sí estoy en desacuerdo. Cada uno de nosotros tiene un precio; la decisión es individual, pero debemos asumirla sin hipocresía y reconocer abiertamente nuestros límites.

Y esta es, a mi parecer, la principal distinción entre la cultura del mérito y la cultura del privilegio: *nosotros* asumimos y resolvemos con conciencia y transparencia los dilemas éticos que se presentan al tratar de construir un mejor país. Pero dejemos que Andrés Navarro nos cuente, de primera mano, hasta dónde puede llegar el precio de participar.

La recompensa de Andrés

Andrés Navarro
"La mejor recompensa"
abril de 2015

Un miércoles de finales de 1994, cursaba apenas el tercer grado de secundaria, cuando el director interrumpió nuestra clase de Ciencias Sociales y nos pidió dejar nuestras cosas y dirigirnos en silencio al auditorio porque escucharíamos una conferencia de Vicente Fox Quesada, candidato a gobernador de Guanajuato; no imaginaba yo lo que esos 45 minutos cambiarían y marcarían mi vida para siempre. Vicente Fox se presentó como un ranchero cansado del rumbo que tenía el país. Su estilo desenfadado, su vestimenta de mezclilla, su camisa arremangada y su discurso abierto y ajeno a los mensajes grises de los políticos del viejo régimen, engancharon mi mente. Sin pensarlo, le dije a Alberto Aceves, uno de mis grandes amigos desde entonces: "Yo también voy a ser del PAN y voy a ser gobernador cuando sea grande". Alberto se rió.

Ese mismo día en la tarde, llegó, en bicicleta y a escondidas, un niño de 14 años a las oficinas del Comité Municipal del Partido Acción Nacional, preguntando qué podía hacer y en qué podía ayudar. Ese niño era yo. Años después, cuando se acercaba el 2000, como estudiante de la universidad escribí el primer artículo que apareció en la página de internet de los Amigos de Fox, un ensayo denominado "Guanajuato lleva prisa". En él describía —desde mi perspectiva— los logros de Fox en el estado. Al terminar los estudios universitarios en la ciudad de Guadalajara, regresé a Irapuato y al poco tiempo fui designado como líder de las juventudes panistas en la ciudad, periodo que se caracterizó por el crecimiento en el número de jóvenes participantes y la presencia de Acción Juvenil en las escuelas y las comunidades rurales.

Tres años después y por invitación del presidente municipal electo de mi ciudad, acepté el cargo de director general de la Unidad de Innovación Gubernamental. Mi principal función era analizar todas las áreas del gobierno municipal a fin de mejorarlas en cuanto a ahorros, calidad, uso de tecnología y servicio al usuario final. Gracias al diseño e implementación de un modelo de Administración de la Calidad Total —en conjunto con Microsoft México— el gobierno municipal fue galardonado con el reconocimiento de Gobierno Local Confiable por el Instituto Mundial de la Calidad. Cabe mencionar que fue el primero en el país en alcanzar dicha distinción y, de la misma forma, algunos de los programas diseñados bajo mi coordinación fueron catalogados dentro de las mejoras prácticas para gobiernos locales en América Latina.

Debido a estos logros, decidí estudiar una maestría en Administración Pública y solicité admisión en varios de los mejores programas de los Estados Unidos. Decidí aceptar la invitación de la Escuela de Gobierno de Harvard. "Harvard no acepta a cualquiera y seguramente, al regresar, mi partido lo reconocerá, y será el inicio de una brillante carrera", solía pensar. Durante mi tiempo en Cambridge, me enfoqué en desarrollar capacidades en temas de políticas públicas y dirección de ciudades. En el último semestre, tuve dos ofertas laborales que agradecí y amablemente rechacé, ya que estaba determinado a regresar a la política mexicana para cumplir mi sueño de convertirme en un actor político trascendente. El regreso no fue como esperaba.

Al volver a mis labores como regidor al interior del Ayuntamiento de Irapuato, semanas después de concluir mis estudios, comencé a descubrir una serie de irregularidades en procesos de adquisición de terrenos, equipos industriales para el rastro municipal, servicios de consultoría, aviadores y demás. Esto me resultó inaceptable y, con las pruebas e información en mi poder, me acerqué en todos los casos con las autoridades partidistas locales. Su respuesta siempre fue: "déjanos la información aquí", pero jamás hubo investigaciones ni acciones al respecto.

Empecé a notar algunos cambios con respecto a mí. Me dejaron fuera de varios de los consejos en los que participaba y ejercieron presión sobre algunos medios de comunicación para que dejaran de publicar mis opiniones y entrevistas. Mi labor como regidor, además de luchar contra los casos de corrupción, se caracterizó por el trabajo de escritorio al interior de las comisiones, proponiendo entre otras cosas el primer *Código de Ética para empleados públicos y autoridades electas* y el *Reglamento para la protección animal*, los cuales jamás fueron presentados al pleno del Ayuntamiento. Ya en agosto de 2012 y con gran parte del equipo del alcalde en contra, recibí un par de amenazas al estar investigando irregularidades.

Era un año electoral, y el nuevo candidato del PAN a la presidencia municipal me invitó a ser coordinador general de su campaña. Faltaban 45 días para la elección y, de acuerdo con los resultados de la última encuesta, íbamos 12 puntos por debajo del candidato del PRI. Trabajé día y noche en un cambio de estrategia y, contra lo que muchos creían posible, logramos rescatar el resultado, y el Partido Acción Nacional ganó la presidencia municipal de Irapuato, con una diferencia final total de nueve puntos porcentuales. Debido al triunfo, a que coordiné los trabajos de transición y a que mediaba las relaciones entre el alcalde saliente y el entrante, mi posición se fortaleció muy fuertemente y me convertí en el líder informal y la persona con mayor experiencia del equipo entrante.

En octubre de 2012, ingresé como director de Planeación, con la encomienda de coordinar el gabinete del alcalde. Conforme pasaron los primeros meses de la administración, los directores de áreas estratégicas preferían consultar conmigo que con el presidente municipal, a pesar de mis negativas de responder por él. Ya en 2013, el alcalde repentinamente me pidió dejar mi puesto para buscar la presidencia del Comité Municipal del PAN. Decidí intentarlo, convencido de que desde ahí podría abonar a la gobernabilidad de la ciudad. Sentía un fuerte deber de convertirme en portavoz de la ciudadanía en el caso de que el gobierno municipal no diera resultados y abrir el partido para buscar y desarrollar nuevos liderazgos tanto al interior como en la ciudad.

La campaña era clara: se trataba de un enfrentamiento entre los equipos del alcalde entrante —al que yo pertenecía— y el que acaba de salir, en cuya administración había yo descubierto irregulares. La diferencia en formación y preparación entre los contendientes era bien conocida; ambos teníamos historial partidista y sabíamos que se trataba de una contienda muy cerrada. Los primeros días de la campaña resultaron interesantes. Sin embargo, mi asombro y frustración comenzaron cuando, al visitar a un militante que controlaba cerca de 15 votos, este me preguntó que cuánto le pagaría por voto, ya que el otro candidato le había ofrecido $500 por cada uno. A los pocos días, supe que otro personaje que había inscrito a toda su familia en el partido, solicitaba que se le enviaran "unas muchachas" a cambio de apoyar mi proyecto. Recuerdo un pleito con algunos miembros del equipo de campaña porque me negué a hacerlo. Se trataba de un hombre casado y con familia, y recuerdo haber dicho: "si es así, prefiero que perdamos".

La noche anterior a la asamblea recuerdo haber hablado con los otros dos contendientes para desearles suerte y solicitarles que reconociéramos el triunfo de quien tuviera más votos; les aseguré que yo haría lo mismo. La asamblea fue tensa pero el resultado final me revelaba como ganador por apenas siete votos. Sin embargo, lejos de respetar el resultado, los líderes del grupo opositor evitaron que tomara protesta como presidente del Comité. Encabezados por el expresidente municipal, su yerno —entonces dirigente estatal juvenil del PAN—, y un diputado local en funciones, decidieron sacar a sus equipos del recinto para reventar la asamblea y suspenderla, manteniendo en la posición (que yo había ganado legítimamente) a la persona a quien yo reportaba de las irregularidades en mis tiempos de regidor.

Esa noche, una horda de jóvenes panistas —contrarios a mi proyecto— acudieron a mi domicilio particular y apedrearon mi portón; el velador de la casa vecina los corrió con un arma de fuego. Afortunadamente, por insistencia mía, mi familia y yo nos habíamos ido a dormir a casa de mis suegros previendo que algo así podría pasar. Al día siguiente, muy temprano, recibí la felicitación vía telefónica de varios líderes panistas del estado y al mediodía me dirigí a las oficinas del comité municipal. Toqué el timbre, me abrió un vigilante que me felicitó y me dijo: "Bienvenido a su nueva casa". Esa misma tarde me citaron en el comité y, al llegar, me recibió el todavía presidente en funciones con una actitud reprobable, acusándome de haber ingresado sin permiso a robarme lo que ahí tenían. Recuerdo que me dijo: "Voy a interponer una denuncia penal por invasión de propiedad privada para meterte a la cárcel".

El ataque no era por haber estado sentado en una sala de juntas, sino por haber resultado vencedor el día anterior. A los cuatro días de la elección, la contrincante que quedó en segundo lugar decidió impugnar el resultado ante el Comité Directivo Estatal y, tras un larguísimo proceso legal que duró cerca de ocho meses, finalmente la Sala Regional del Tribunal Electoral del Poder Judicial de la Federación decidió que no había elementos de impugnación y que había de reanudarse la asamblea en el punto donde había sido suspendida la misma.

Durante los meses transcurridos entre la impugnación y la resolución final, fui víctima de vandalismo, insultos y ataques personales por parte de algunos partidarios de la candidata derrotada. Yo contaba con videos que mostraban a los culpables y los presenté ante la autoridad partidaria para que tomaran cartas en el asunto. Sin embargo, no hubo ni siquiera un llamado de atención. Mi salud comenzó a sufrir las consecuencias, acudí al cardiólogo con un cuadro de arritmias cardiacas y comencé a sufrir ataques de ansiedad por el estrés al que estaba sometido. No dormía, me hormigueaban los brazos y era común que sintiera una presión muy fuerte en el pecho. Parte del equipo de campaña que me había apoyado comenzó a retirarme su apoyo debido a que yo buscaba negociar con el grupo perdedor para mantener unido al partido.

Finalmente, en una de las sesiones de negociación y ya cansados de mis muestras de buena voluntad, alguien me dijo: "¿cuándo vas a entender que lo que no queremos es que llegues tú, y si llegas no te vamos a dejar hacer nada?". Consciente de lo anterior, puse sobre la mesa mi renuncia al cargo, a cambio de que otra persona de mi equipo quedara como presidente. Aunque ellos aceptaron esta propuesta, el equipo que me había apoyado no lo hizo. Para ellos no había opción: "eres tú o no hay de otra..." me dijeron. Fue entonces cuando me percaté de que estaba completamente solo. Caí en la cuenta, finalmente, de que lo que menos les importaba a mis copartidarios era la institución; la unión de la misma; y el trabajo a favor de la sociedad y los ciudadanos. La suya era exclusivamente una lucha sin escrúpulos por el poder y por llevar mano en las elecciones internas que definirían los procesos electorales del 2015. Así, tras siete meses de problemas y dos visitas al cardiólogo, entendí que lo mejor para la institución era que renunciara con el fin de que se designara un presidente interino que ayudara a calmar las aguas y fomentara la unión entre los grupos.

Presenté mi renuncia al cargo de presidente electo el 27 de septiembre, siete meses y tres días después de haber ganado la elección. Recibí algunos mensajes con amenazas y los medios le dieron una gran cobertura al caso. Finalmente, un año exacto después de la elección y justo cuando se habían publicado los escándalos por los "moches" en los que estaban involucrados varios legisladores, decidí presentar mi renuncia al Partido Acción Nacional, tras 13 años de leal pertenencia. Algunas personas trataron de convencerme de no renunciar. Me aseguraron que si me quedaba podría ser candidato a algún puesto de elección popular en las elecciones del 2015. Sin embargo, para mi no es un asunto de puestos; es uno de valores y congruencia.

A los pocos días de mi renuncia, fui buscado por personas de diferentes partidos políticos, pero ya era tarde. Aprendí que en la política mexicana no hay lugar para el juego abierto, transparente, decente y veraz. Entendí que las elecciones al interior de los partidos se ganan con dinero y con "muchachas", rompiendo con todo los esquemas éticos y morales. Aprendí que para avanzar en dicha profesión debes hacer lo que me recomendaron cuando al ser regidor descubrí las irregularidades: "Quédate callado y luego serás recompensado". El problema tal vez sea que yo siempre he defendido que la mejor recompensa es mantenerse firme en los ideales, los principios y la congruencia.

Espartanos y ateneos

Andrés Navarro decidió renunciar a sus sueños, a una carrera que venía construyendo con principios, con sacrificios y, más importante, con claros resultados. La sociedad mexicana, y en particular la comunidad de Irapuato, se quedó sin un hombre que quería y que podía servirles. El PAN se quedó sin un joven brillante, bien preparado y con enorme experiencia, vocación y liderazgo. Solo puedo desear que en el futuro, una vez sanadas las heridas y recuperadas las fuerzas, volvamos a encontrar a Andrés en una posición de poder político. ¿Por qué espero esto? Porque evidentemente México hoy necesita líderes que, como Andrés, no solo sepan muy bien cuál es el precio a pagar, sino que hayan demostrado también que saben cómo resolver los dilemas del poder. Necesitamos una generación de guerreros, que busquen honor, como Ariel Rodríguez plantea, y que reivindiquen al país. Haciendo referencia a una conocida analogía, hoy México necesita espartanos, no ateneos.

Esparta fue una ciudad griega que estaba ubicada en el sur de la región del Peloponeso. Era una *polis*, es decir, una comunidad autónoma, con gobierno propio que no estaba sometida a reyes o influencias externas, particularmente de Atenas, la mayor *polis* de esos tiempos. Muy por el contrario, como ciudad-país, Esparta logró un gran desarrollo, conquistando casi todo el país, en gran parte por haber tenido un modelo de organización distinto. ¿Qué ventajas tenían los espartanos sobre el resto de Grecia? Primero, los espartanos eran, por mucho, los mejores guerreros, pues estaban educados física, mental y moralmente para serlo. Desde muy pequeños los sometían a entrenamientos y rutinas de ejercicio que incrementaban su fuerza, velocidad, destreza y les permitían aguantar mayores retos físicos.

Más allá de la fortaleza del cuerpo, los espartanos tenían gran fuerza de mente y de espíritu. Su entrenamiento intelectual y moral consistía en el aprendizaje de todas las virtudes, ideas y máximas que formaban el alma de la sociedad espartana. En Esparta, por ejemplo, el respeto a la igualdad, a las mujeres y a la vejez eran virtudes más estimadas que en Atenas. Las mujeres eran educadas en el mismo lugar que los hombres, al aire libre y en público. Hacían ejercicios gimnásticos adecuados a su sexo y aun aprendían a lanzar la jabalina y el disco. Así se formaban mujeres varoniles y heroicas, capaces de sacrificar sus sentimientos en beneficio de la patria. Por último, y tal vez la diferencia más importante, es que los espartanos creían en una sociedad mucho más homogénea que la que existía en Atenas.

Pero la mayor diferencia entre los guerreros de Esparta y los de Atenas estaba en su concepción del poder, de la libertad y de sí mismos. Para los ateneos, el poder realmente no estaba en manos de los hombres, sino del rey. En Atenas se vivía lo que hoy en día, y en este libro, llamamos la cultura del privilegio. En el campo de batalla, además, los ateneos sentían la necesidad de tener un comandante que tomara todas las decisiones, una cabeza, un guía. Por el otro lado, los espartanos eran hombres y mujeres libres, organizados mediante una especie de meritocracia. Pero para estos guerreros ser libre no era ser una rueda suelta, sin deberes, sin obligaciones. La libertad era precisamente la capacidad de jugar un papel fundamental, por decisión y por iniciativa propia, en el destino de su sociedad, de su grupo. La libertad, en otras palabras, permitía a estos grandes guerreros ceder su poder individual al grupo, como una ofrenda dirigida a mejorar el destino de todos.

En México tenemos siempre pequeños ejemplos, aquí y allá, de espartanos. De hombres valientes, de guerreros incansables, de gente de honor, de historias de mérito. En la élite política, por ejemplo, pocos podrían negar que Andrés Manuel López Obrador es un luchador social, un hombre de honor y una persona valiente. En tiempos modernos, no existe un mexicano que haya sido atacado, investigado y odiado más por la élite económica y política del país que el amoroso AMLO. Javier Corral, el periodista y político mexicano, senador del Partido Acción Nacional, es otro personaje que seguramente podríamos llamar espartano. Corral ha demostrado "valentía en los hechos", como él mismo lo dice, y ha sido reconocido incluso por simpatizantes de los partidos adversarios y personajes independientes de la vida pública.

En la vida privada, en el sector empresarial, México también ha tenido ejemplos de personas valientes, congruentes y con buenos principios. El más grande ejemplo de ello —tal vez lo tengo tan presente por haber estudiado yo en la universidad que fundó— es don Eugenio Garza Sada. Empresario, ingeniero y filántropo, don Eugenio no solamente fundó una de las empresas más importantes del país, sino que basó sus decisiones en una serie de principios y conceptos que desarrolló con los años y a los que llamó el *Ideario Cuauhtémoc*, curiosamente, el nombre de un guerrero. Sin entrar en muchos detalles, les comparto el primero de los 17 principios de este ideario: "reconocer el mérito en los demás". Y aunque quizás los herederos de sus empresas no necesariamente heredaron todos sus valores, es claro que en el país necesitamos más empresarios espartanos como Eugenio Garza Sada.

Finalmente, debemos destacar que en la sociedad civil hay muchos más ejemplos de valentía, preparación, honor y lucha incansable. Este libro no pretende hacer un listado exhaustivo de ellos, pues, como dije, estoy más interesado en el fenómeno de grupos que en historias personales. Pero al igual que se decía en Grecia que un soldado espartano "valía lo que varios hombres de cualquier otro estado", debemos reconocer a los nuestros. Los que, volviendo al dramaturgo Bertolt Brecht, son los imprescindibles porque luchan todos los días. Periodistas como Carmen Aristegui, analistas como Denise Dresser, escritores como Juan Villoro, cineastas como Roberto Hernández, activistas como Lydia Cacho... También hay muchos otros guerreros mexicanos que son menos conocidos y reconocidos, como el maestro de primaria Sergio Javier Juárez, galardonado con la medalla "Alonso Lujambio" por su innovación en la educación.

Hoy México tiene ya un buen número de espartanos, en los que la cultura del mérito corre por sus venas, y la sociedad comienza a darles su apoyo. Pero existen varios retos que no nos han permitido aprovecharlos para reemplazar a la élite actual. Como veremos en el siguiente capítulo, el primer reto es que no hemos definido un enemigo en común. Y es que los espartanos sabían muy bien contra quién luchaban. Era claro, en el campo de batalla, quién era el enemigo y por ello no tenían que recibir órdenes de un comandante, pues todos entendían el porqué estaban ahí, contra quién. El segundo reto es que no hemos adoptado la táctica correcta para vencer al enemigo, la famosa *falange hoplita* que los espartanos perfeccionaron a través de los años. Tenemos que sumar esfuerzos, los de todos *nosotros*, si queremos vencer, y en su campo de batalla, al *club de ellos*.

Un reto aún mayor, algo que discutimos en el capítulo anterior con la famosa *Ley de Gresham*, es que el sistema saca a nuestros espartanos incluso antes de que comience la batalla, como en el caso de Andrés, y quizás el de Luis Donaldo también. Y es que, como también dijimos antes, al seguir las reglas de la ética, la moral y la ley misma, nos ponemos en desventaja contra aquellos que no se limitan por ellas. Los miembros de la *cultura del privilegio* luchan por un propósito claro, por un amo que los domina y los magnetiza: la ambición desmedida por el dinero y el poder. La élite actual siente un enorme temor de perder sus privilegios, pues no sabría qué hacer sin ellos. Para el espartano, los mejores guerreros de la tierra no luchaban por un amo, sino por un propósito mayor: la ley. La ley era más temida porque reside en el interior de cada guerrero, decían; en su fuero interno.

La última carencia que tenemos con respecto a la civilización griega es que nos hace falta un mecanismo para castigar a los miembros de la élite cuando se portan mal. Los griegos inventaron uno que llamaron *ostracismo*. La ley del ostracismo data del año 487 a. C. y se puso en práctica con un propósito que encontraremos familiar: para luchar contra la tiranía. En una especie de asamblea pública y abierta, los ciudadanos escribían en el *ostracon*, una concha de barro, el nombre de la persona a quien querían desterrar por sus abusos. Si el nombre de dicha persona alcanzaba una determinada cifra de votantes, este tenía que marcharse antes de 10 días y permanecer en el destierro durante 10 años. El exilio no era permanente; la asamblea podía decidir perdonarlo más adelante; y la persona exiliada no perdía jamás sus derechos como ciudadano. Pero el daño estaba hecho, el castigo funcionaba y las élites se comportaban, cuando menos, un poquito mejor.

En lugar de permitir, como sociedad, que nuestras élites saquen a los pocos guerreros espartanos que tenemos en México de nuestro sistema, e incluso, de nuestro país, tal vez deberíamos de comenzar a intentar lo contrario. Rescatando, no de manera literal pero sí de manera simbólica, las diferentes prácticas que los mismos griegos introdujeron para mejorar a la sociedad podremos comenzar a construir el país de *nosotros*, la sociedad del mérito.

La cultura de nosotros

Quiero concluir esta sección, la parte descriptiva de este libro, reforzando algo que espero sea bastante evidente a estas alturas. Hay muchos mexicanos, en todos los estados, incluso fuera del país, que tienen un conjunto de valores y principios —como lo son el trabajo, el sacrificio y la honestidad— muy arraigados. A este tipo de personas, a las que considero como ejemplos de la *cultura del mérito*, les debemos mucho ya. Son estos "guerreros" los que, a pesar de tener circunstancias en su contra, con sus ejemplos nos hacen volver a sentirnos parte de algo más grande que cada uno de nosotros: de un México mejor, del país de *nosotros*.

Nosotros somos los de la fuerza de voluntad. Los que, como Juan Ángel, luchamos cada día para cumplir un propósito, sin importar los enormes obstáculos que tengamos enfrente. Por ello, seguramente no seríamos del tipo de niño que se comería el bombón inmediatamente, pues la cultura del mérito valora la moderación y el temple. Y por ello también se equivoca Castañeda, pues la competencia, el conflicto y la controversia son circunstancias normales, incluso deseables, al ir trazando nuestros propios caminos.

Para *nosotros*, como vimos con el caso de Andrés, los medios no se justifican por los fines. El proceso importa tanto como el resultado, y aunque tenemos menos armas para competir con la otra cultura —la de *ellos*— al final logramos mantener nuestra integridad moral, un arma que podría ser mucho más poderosa, si la sociedad —*nosotros*— así lo decidiera. Para *nosotros*, la recompensa está en el camino, incluso más que en el destino, y por ello jamás podríamos entrar en la dinámica del dinero en la política. "¿De qué sirve ganar una elección si en el proceso se pierde la independencia?", decimos *nosotros*.

Recuerdo algo que escribió Juan Pardinas, director del Instituto Mexicano para la Competitividad (IMCO): "Ser político es una profesión demasiado delicada como para ser ocupada por gente sin preparación que además solo entiende de votos (...) El éxito como individuos y como nación solo puede venir del trabajo y del esfuerzo. Y las sociedades, para funcionar, deben estar basadas en la meritocracia intelectual y de actitudes, proveniente de activos de fondo, sólidos y serios. La igualdad de derechos debe conseguir que en el juego meritocrático juegue en menor medida el poder económico".

Así, la cultura de *nosotros* no es, como propongo, una que cae en la trampa de moralidad relativa. Sabemos que existe un bien y un mal absolutos. Asumimos de forma consciente el riesgo de que en el camino nos podremos encontrar con la disyuntiva de tener que incurrir un mal en aras de obtener un bien mayor, pero no en beneficio personal, sino de todos los mexicanos. Y, más allá, somos transparentes sobre estas decisiones y asumimos sus consecuencias. Sabemos que nuestra actitud ante estos dilemas vale tanto como nuestras decisiones y nuestras acciones. De ahí surge nuestro liderazgo natural, nuestra moralidad y disposición para servir a nuestro país.

CAPÍTULO CINCO

#dalepoderalmérito

Calla, amigo Sancho —respondió don Quijote—, que las cosas de la guerra más que otras están sujetas a continua mudanza.

Miguel de Cervantes Saavedra

De pequeños, a muchos gemelos idénticos sus padres los visten con la misma ropa. Creo que esto hace que mucha gente, sobre todo aquellos que nunca han interactuado con gemelos de manera habitual, imagine que somos iguales en todo. Habrá algunos que sí se desarrollaron con gustos, personalidades y preferencias similares. Mi hermano y yo nunca podríamos ser parte de ese grupo. Pocas personas me causan emociones fuertes. Menos personas me causan emociones encontradas. Y solo hay una persona que me causa emociones fuertes y encontradas: Adolfo. Parafraseando al maestro Sabines, todos los días lo quiero y lo odio, irremediablemente.

Y es que, más allá de haber perseguido carreras muy distintas, tenemos diferencias más fundamentales. Mi hermano es un hombre de acción y, según él, yo paso demasiado tiempo pensando y analizando las cosas. "Un poco de conocimiento que actúa vale infinitamente más que mucho conocimiento inactivo", me recuerda, aludiendo a la frase de Kahlil Gibran. "Nunca confundas la actividad con el logro", le respondo usando la frase de

Mark Twain. Adolfo tampoco entiende por qué he pasado tanto tiempo fuera del país. Piensa que México tiene todo lo que necesito para desarrollarme. Yo no veo diferencia entre un cineasta mexicano que busca su suerte en Los Ángeles, un futbolista mexicano que juega en España y un economista mexicano que trabaja en Boston, Ginebra o Londres. Le explico que la competencia internacional nos hace mejores, que afuera se aprenden cosas distintas y que el compromiso con México es algo que se lleva adentro. Además, los tacos de trompo saben más ricos después de extrañarlos por unos meses. Adolfo sigue sin entenderlo.

Pero en esta cariñosa discordia hay un hito que destaca por su armonía; un proyecto que logró que trabajáramos juntos y formáramos un excelente equipo. Ese proyecto se llamó Causas.org y la única razón por la que lo traigo a colación aquí es bastante simple: me demostró que hay un México mucho más activo, más solidario y más comprometido que el que jamás pude imaginar existía. Este proyecto me llenó de esperanza y de humildad, porque descubrí que había miles de personas que estaban trabajando sin retribución, a pesar de sus carencias, por el bien de nuestro país. Me hizo ver de frente, por primera vez, el enorme poder de los ciudadanos; el de conectarnos en torno a una causa en común; el de crear herramientas y dejar que todos nosotros formemos parte del cambio.

La idea era sencilla. En 2003 México no tenía un buen directorio en línea de organizaciones de la sociedad civil. Me di cuenta de esto cuando estaba a cargo de la estrategia de responsabilidad social para Cemex, pues teníamos que encontrar organizaciones en diferentes estados del país para formar alianzas y apoyar a las comunidades. Era muy difícil encontrar información actualizada, páginas de internet o datos de contacto. Me di cuenta, también, porque muchos de mis compañeros de trabajo tenían interés en ayudar y me pedían recomendaciones de asociaciones civiles para hacer voluntariado en Monterrey, pero yo no tenía herramientas para ofrecerles opciones a mis colegas, ni para saber qué tipo de apoyo requerían las ONG, o clasificarlas por temas, o contactarlas fácilmente.

Me tocó participar muy activamente al inicio del proyecto Causas.org en esos primeros años de plantear y refinar la idea, lanzar la primera plataforma, buscar los primeros apoyos financieros y alianzas estratégicas. Seis años después, en 2009, cuando yo ya estaba fuera del proyecto —y fuera del país durante mis años en Suiza—, nuestra organización recibió el Premio Nacional a la Acción Voluntaria y Solidaria, un valioso —pero insuficiente— esfuerzo del gobierno para reconocer el mérito ciudadano. En 2010, Causas.org fue una de las diez finalistas en Iniciativa México, aquel concurso tipo *reality show* de emprendedores sociales que Televisa y

TV Azteca organizaron para limpiar su imagen con mérito ajeno. Al final, más de 15 mil organizaciones y 40 mil voluntarios de todo el país llegaron a utilizar nuestra plataforma.

En todos estos años, cuando me sentía triste, molesto o de plano deprimido al ver cómo se deterioraba la realidad de nuestro país, entraba a la plataforma y me ponía a leer los mensajes que la gente colocaba en el muro principal: "¡Me gusta mucho tu proyecto!", le decía un usuario llamado "Miriam M." a una organización en Colima dedicada a proteger el medio ambiente, "¿cómo te puedo ayudar?". Un ejemplo de tantos. Después cerraba mi laptop y sonreía mientras imaginaba ese encuentro de dos mexicanos que se conocieron en una red social cuyo propósito no era buscar fotos de exnovias ni pasar videos del famoso Édgar cayéndose a un río, sino que buscaba hacer de México un mejor país.

Sociedad, poder y cambio

Dice el escritor y politólogo Emiliano Monge que el gran problema de México es que no hemos sabido nunca responder la pregunta fundamental que se hacen los colectivos, desde la familia hasta la nación: ¿qué chingados somos? Para él, México se está desmoronando desde su nacimiento, y lo que no se desmoronó se está descomponiendo. Hasta ahora hemos visto que evidentemente una parte de la sociedad sí ha estado descompuesta desde su inicio: la de "hasta mero arriba", podemos decir. Existe otra parte de la sociedad que no ha tenido mucha opción realmente, que vive al día, que no tiene el lujo de pensar más allá de su entorno inmediato porque es todo lo que conoce. Llamemos a esta parte la de "hasta mero abajo", sin tono despectivo. ¿Qué nos queda? Queda ese *nosotros* de los que no estamos ni muy arriba, ni muy abajo: los que estamos "en medio".

Como afirma Denise Dresser en *El país de uno*, ser de clase media en un país con más de 50 millones de pobres es ser privilegiado. "Y los privilegiados tienen la obligación de regresar algo al país que les ha permitido obtener esa posición. Porque, ¿para qué sirve la experiencia, el conocimiento, el talento, si no se usa para hacer de México un lugar más justo? ¿Para qué sirve el ascenso social si hay que pararse sobre las espaldas de otros para conseguirlo? ¿Para qué sirve la educación si no se ayuda a los demás a obtenerla? ¿Para qué sirve la riqueza si hay que erigir cercas electrificadas cada vez más altas para defenderla? ¿Para qué sirve ser habitante de un país si no se asume la responsabilidad compartida de asegurar vidas dignas allí?". Estoy seguro de que existen muchos en nuestro país que están más que listos para tomar esta responsabilidad en serio, a pesar del pesimismo persistente y de nuestra realidad inamovible. Lo sé de cierto porque lo viví, justamente, durante aquellos años en los que conectábamos personas y organizaciones en Causas.org. En los últimos tres capítulos de este libro pasamos del "qué"—reemplazar a la cultura del privilegio con la cultura del mérito en nuestras élites— al "cómo".

Primero es importante creer que este cambio es posible. Para Carmen Aristegui, valiente y audaz como pocos periodistas, una sociedad que se plantea que no hay salida, se paraliza. "Si no tenemos la posibilidad de creer, todo pierde razón de ser", dice la mujer que ha recibido una impresionante muestra de solidaridad y apoyo de la sociedad tras su reciente salida de MVS en 2015. Aristegui propone que más que plantearse el cambiarlo todo, cada uno de nosotros debemos enfocarnos en el cachito que nos toca, en lo que nos hemos dedicado a hacer. "Estamos en un momento donde todo parece conspirar a que las cosas entren en una ruta diferente, porque los partidos políticos no están a la altura, porque los candidatos no acaban de entusiasmar y cuando ves en el horizonte dices: ¿por dónde y con qué remos vamos a remar?", continúa.

Y esto es precisamente lo que quisiera abordar en este capítulo. La idea de remar juntos, como sociedad, suena muy alentadora, pero necesitamos elegir un rumbo, aprender a usar los remos y poder coordinarnos hasta encontrar ese ritmo que hace que se mueva el bote. Lo que aquí planteo es un camino muy concreto para salir del puerto. El primer paso es recuperar nuestro propósito, nuestro objetivo, nuestro rumbo. En otros términos, yo pienso que como mexicanos debemos, al igual que hacían los espartanos, saber claramente cuál es nuestro enemigo común. Recordando que luchamos como hombres y mujeres libres, tenemos que entrar en batalla con una misma bandera, con claro conocimiento de cuál es nuestra misión y contra qué estamos luchando. De lo contrario, como hemos dicho, perderemos gran parte de nuestra fuerza. "Luchamos como nunca, perdimos como siempre", dicen.

El segundo paso es saber distinguir y usar los remos. Con ello me refiero a saber emplear y aprovechar las herramientas que tenemos a nuestro alcance. Nunca antes en la historia hemos tenido, como mexicanos y como sociedad moderna, más herramientas para cambiar nuestra realidad, para retar a los poderosos, para tomar las riendas de nuestro destino compartido. Así lo demuestra el internacionalista Moisés Naím, en su más reciente libro, *El fin del poder*. Para el famoso comentarista y exeditor de la revista *Foreign Policy*, estamos viviendo una creciente difusión del poder político que ha colocado a la sociedad en una posición no solo de "sacarle la vuelta" a las instituciones políticas, sino de influenciar, persuadir y limitar a los políticos tradicionales, algo que ninguna teoría política hubiera podido predecir. Naím nos explica que, gracias a la tecnología de comunicación, las nuevas herramientas de movilización y, sobre todo, al colapso de las barreras culturales y organizacionales que separaban a la política del resto de la sociedad, se han creado un sinnúmero de oportunidades para alterar las estructuras de poder. Estamos viviendo, pues, tiempos insólitos en donde el péndulo del poder se vuelca nuevamente hacia los ciudadanos; como sucedió en la Antigua Grecia con sus asambleas públicas y abiertas, pero ahora en su versión digital.

Les comparto un ejemplo muy reciente que muestra el efecto de estas dinámicas en la vida pública de nuestro país. El 7 de noviembre de 2014, tras los trágicos eventos de Ayotzinapa, el entonces titular de la Procuraduría General de la República, Jesús Murillo Karam, dio por terminada una conferencia de prensa con una desafortunada frase: "ya me cansé", se le escuchó decir a alguno de sus asistentes, todavía con el micrófono enfrente. Minutos después de este incidente, las redes sociales comenzaban a explotar con un *hashtag* que acompañaba a miles de mensajes discutiendo la inadmisible falla del funcionario. La etiqueta #YaMeCansé le dio la vuelta al mundo, fue una tendencia global por varios días y puso al gobierno de Enrique Peña Nieto de rodillas cuando las muestras de inconformidad pasaron del mundo digital al Zócalo capitalino. Y, aunque esta no fue la primera vez en la que una de estas revoluciones cibernéticas se convertía en manifestaciones masivas —pues se había vivido algo similar con el #YoSoy132 durante le proceso electoral de 2012—, esta vez el movimiento fue un paso más allá.

Aquí me refiero a que, en vez de quedarse en la crítica, a un grupo de organizaciones —entre las que se cuenta a El Grito Más Fuerte, IMCO, CIDAC y Amnistía Internacional—, se le ocurrió dar el salto de la protesta a la propuesta de solución: pasar del #YaMeCansé al #PorEsoPropongo. ¿Cómo? Creando una plataforma para la participación ciudadana que agrupara, analizara y entregara a las autoridades correspondientes las propuestas recogidas entre la ciudadanía, incluyendo una exigencia muy precisa: crear estrategias para dar respuesta a los ciudadanos. El proyecto, similar a la tecnología que construimos hace más de una década con Causas.org, no solo fue un éxito, sino que rebasó las expectativas originales. Antes les platiqué que con Causas.org en 10 años llegamos a 40 mil usuarios, pues en menos de tres meses #PorEsoPropongo recabó alrededor de 8 mil propuestas, redactadas en forma de postales, acompañadas de la fotografía y datos de cada ciudadano, que fueron finalmente agrupadas en 10 temas generales. Las postales y su análisis ya han sido entregados a la Cámara de Diputados, al Instituto Nacional Electoral y a la Comisión

Nacional de los Derechos Humanos, y enviadas también a la Presidencia y a la Suprema Corte de Justicia de la Nación. Sin duda, esta experiencia demuestra que México sigue contando con una sociedad civil muy activa, dispuesta a participar y a responder a las exigencias de nuestros tiempos.

Sin embargo, como en muchos de los casos que veremos a continuación, seguimos cayendo en la misma trampa una y otra vez. La trampa de pedirle el cambio a quienes menos intención tienen de cambiar las cosas. La trampa de tener que recurrir a las instituciones que, como hemos visto, son víctimas de la cultura del privilegio para que "escuchen" nuestras propuestas. La trampa de tener de intermediarios a los partidos políticos, quienes utilizan estas demandas ciudadanas como oportunidades para negociar todo tipo de cosas entre ellos mismos, a espaldas de la sociedad que las origina, antes de desecharlas por completo en unas semanas. ¿Qué pasa cuando la presión social no sucumbe ante la lentitud burocrática? Entonces vemos a los partidos renuentemente aprobar propuestas a medias, cuando bien nos va, solo para darle reversa años más adelante, como ha sucedido con algunos de nuestros pocos avances en la democracia, transparencia y mecanismos de rendición de cuentas. Ya hemos dicho desde el principio de este libro que lo que México necesita es un trasplante de élite, pues se trata de un órgano enfermo. Pero tenemos que extraer este órgano y trasplantar uno distinto: tenemos que dejar de pedirles a *ellos* lo que nos corresponde hacer a *nosotros*.

El tercer paso, y quizá el más importante, es que debemos de aprender a remar juntos, como sociedad, de manera coordinada. Esto quiere decir que debemos convertir el cinismo, la apatía y la desesperanza en sus opuestos. Como veremos adelante, el cinismo es una de las principales razones por las que la cultura del privilegio prevalece sin contrapesos, por la que perdonamos electoralmente —y políticamente— a quienes tanto daño le hacen al país. Tenemos que encontrar la manera de sumar esfuerzos y acciones detrás de un propósito común y usar las pequeñas victorias en el campo de batalla para demostrar que, en efecto, se avanza. Debemos buscar, como hemos propuesto ya, la construcción de una nueva sociedad, la sociedad del mérito; una sociedad cuyos principales enemigos sean *ellos*, cuyos aliados seamos *nosotros*, cuyo propósito fundamental sea el reconocimiento del mérito, en su versión más amplia y benigna, como mecanismo para elegir nuevos liderazgos. Para construir dicha sociedad tenemos que empezar, modestamente con un camino claro, con una serie de conquistas sociales simbólicas, importantes y factibles.

La paradoja de César

César Morales
"¿Por qué perdonamos (electoralmente) a los corruptos?"
Nexos, enero de 2015

El caso de Hilario Ramírez, el alcalde nayarita que admitió en plena campaña electoral haber robado del erario ("poquito", "nomás una rasuradita"), es más que una simple muestra de desvergüenza. Deberíamos tomarlo en serio, pues puede ayudarnos a entender mejor por qué los políticos corruptos suelen ser "perdonados" en las urnas.

"Layín" —como también se le conoce— fue alcalde del municipio de San Blas de 2008 a 2011 por el PAN. En 2014 buscó y obtuvo de nueva cuenta la alcaldía, esta vez como candidato independiente. Fue en esa campaña, al buscar su reelección, cuando realizó las declaraciones que lo volvieron célebre, explicando que "lo que con una mano robaba, con la otra lo daba a los pobres" y que, de haberse llevado 150 millones de pesos, como lo acusaba la oposición, ese dinero "lo hubiera hecho de pura obra".

Ramírez es conocido, además, por haber celebrado su triunfo en 2008 montado en un caballo valuado en más de dos millones de pesos, así como por regalar automóviles último modelo a los sanblasenses durante su primera gestión en el ayuntamiento. Durante lo que va de su segundo mandato ha sido noticia el "bolo" de 50 mil pesos que repartió entre los niños durante el encendido del pino navideño en diciembre y la obtención del premio al "Mejor alcalde del año" de la Global Quality Foundation, organización con sede en Dubai.

"Layín" no está solo. La paradoja de que la corrupción sea impopular y los políticos corruptos sean populares está ampliamente documentada. Contrario a lo que cabría suponer —que cuando el ciudadano dispone de información suficiente castiga a los corruptos o a sus partidos por medio de su voto— la evidencia señala que la corrupción política tiene consecuencias electorales muy modestas. Incluso en contextos donde se cuenta con instituciones fuertes y existe información suficiente para discernir quién es honrado y quién no, la corrupción rara vez es castigada de forma severa en las urnas.

En Estados Unidos, los congresistas envueltos en escándalos de corrupción solo pierden entre 5 y 10% de su apoyo electoral; en el Reino Unido, esta pérdida de votos es aún menor: de alrededor de 1.5 puntos porcentuales. En Italia, la probabilidad de que un legislador sea reelecto es prácticamente la misma si está o no vinculado a hechos de corrupción, y en

Japón, donde más de la mitad de los legisladores acusados o condenados por corrupción desde 1943 han sido reelectos, algunos incluso han aumentado su votación tras los escándalos. Por último, se estima que en Brasil los alcaldes sujetos a auditorías por un cuestionable manejo de fondos públicos ven reducidas sus posibilidades de reelección apenas en un 10%.

¿Por qué ocurre esto? En una investigación de 2012, los académicos de la Universitat Autònoma de Barcelona Jordi Muñoz, Eva Anduiza y Aina Gallego ponen a prueba tres hipótesis para explicarlo.

La primera hipótesis es la del "cinismo", que sugiere que los votantes asumen que todos los políticos se comportarán de manera corrupta. Por dicha razón, pese a que la corrupción sea considerada como algo reprobable por la ciudadanía, no será un motivo para cambiar el sentido del voto.

La segunda hipótesis es la del "ruido", que tiene que ver con la recepción que los votantes hacen de las acusaciones de corrupción. En contextos de gran polarización política, los escándalos de corrupción pueden ser considerados como parte de una estrategia política con el único fin de difamar a los rivales, lo que restaría crédito a las acusaciones y limitaría sus consecuencias electorales. Los partidos políticos, sobra decirlo, son quienes suelen generar el "ruido" en torno a las acusaciones, calificándolas como "falsas de toda falsedad".

Por su parte, la tercera hipótesis propone la existencia de un mecanismo de "intercambio implícito", mediante el cual los votantes pueden considerar que el bienestar generado por un político corrupto compensa los costos de su comportamiento ilegal, lo que volvería tolerable la corrupción. El lema acuñado para la campaña de un político brasileño de mediados de siglo pasado, Ademar Pereira de Barros, lo resume bien: "Ademar rouba mas faz", es decir, "Ademar roba pero hace las cosas". O, en nuestro caso, roba poquito pero hace obra pública —y regala automóviles—.

Los investigadores de la UAB llevaron a cabo un experimento en el que realizaron cuestionarios a más de mil personas que mostraban cercanía hacia un partido político. Como resultado, encontraron que el "intercambio implícito" es el mecanismo más relevante para explicar los limitados efectos electorales de la corrupción. Creo que esta hipótesis es también la que más puede contribuir a explicar el éxito del "amigo Layín".

Para ilustrar mejor el funcionamiento de este "mecanismo de perdón" vale la pena mirar a España, un país en el que los ciudadanos desaprueban mayoritariamente la corrupción pero donde los políticos corruptos suelen ganar elecciones: de acuerdo con una investigación de la Fundación Alternativas, 70% de los alcaldes envueltos en algún tipo de escándalo de corrupción entre 2003 y 2007 fueron reelectos.

En un estudio de más de 70 casos de corrupción en municipios españoles durante el periodo 2007-2011 (todos ellos objeto de una amplia cobertura mediática), los politólogos Gonzalo Rivero, Pablo Fernández-Vázquez y Pablo Barberá encontraron que el castigo hacia los políticos corruptos era, en general, muy pequeño (de 1.8%, frente al desempeño de alcaldes honestos). No obstante, dentro de este resultado encontraron una heterogeneidad muy sugerente: en los casos en que la corrupción ocasionó una pérdida de bienestar para la población como, por ejemplo, a través de la malversación de fondos, la extorsión o el fraude, la pérdida de votos del alcalde corrupto se duplicó (4.2%). Por el contrario, en los casos en que la corrupción produjo ganancias no solo al alcalde y su grupo, sino a un segmento más amplio de la población, la penalización prácticamente no existió.

Un caso emblemático de este segundo tipo de corrupción, aparentemente tolerable para el votante español, es el otorgamiento de permisos irregulares de construcción en zonas protegidas (algo habitual en la España de la burbuja inmobiliaria anterior a la crisis). Las "externalidades positivas" de esta práctica iban desde el aumento de las oportunidades de empleo en actividades relacionadas con la construcción (especialmente para mano de obra no calificada), hasta el aumento de la demanda de bienes y servicios locales, pasando por el crecimiento de la recaudación municipal, que a su vez redundó en una disminución en los impuestos y una mayor inversión pública en infraestructura.

La importancia de los mecanismos de intercambio a la hora de explicar las consecuencias electorales de la corrupción tiene al menos dos serias implicaciones: en primer lugar, que el éxito de políticos como Ramírez no es una muestra del surrealismo mexicano, ni resultado de una predisposición genética a la transa o, mucho menos, producto de la ignorancia o la necedad popular. Por el contrario, bien podría responder a una cruda racionalidad por parte del votante. Una racionalidad posiblemente miope o egoísta, pero que no va a desaparecer a fuerza de ignorarla.

En segundo lugar, que si la falta de información no es la principal razón por la que la ciudadanía no castiga a los políticos corruptos en las urnas, la mayor transparencia tampoco será una solución mágica para que las elecciones realmente sirvan para "echar a los bribones". Es una condición necesaria, pero no suficiente. Y eso tampoco es un asunto menor".

¿Cómo se vence el cinismo?

En 1951, un psicólogo norteamericano llamado Solomon Asch viajó a la institución educativa llamada Swarthmore College para aplicar, según dijo, pruebas de visión. Sin saberlo, los más de cien jóvenes voluntarios que se registraron, participarían en uno de los más citados experimentos de conducta humana en la historia. La dinámica era muy sencilla: ocho alumnos entraban a un salón donde eran presentados con dos tarjetas, una con una línea y otra con tres líneas de diferentes tamaños. La pregunta para todos era cuál de las tres líneas se asemejaba más al tamaño de la línea individual. La respuesta correcta, en todos los casos, era bastante obvia.

Lo que hacía interesante al experimento de Asch era que siete de los ocho participantes eran paleros. Se ponían de acuerdo antes de entrar al salón para escoger, en su mayoría, una de las líneas que no era la respuesta correcta. El octavo participante, sin saber que sus compañeros estaban amañados, era el último en responder. Los resultados son muy reveladores. Más de 70% de los muchos alumnos que les tocó ser el número ocho eligieron la misma respuesta que los paleros, aunque claramente era la respuesta equivocada. Una vez finalizado el experimento, los jóvenes voluntarios reconocieron que, aunque "distinguían perfectamente qué línea era la correcta, eligieron la otra por miedo a equivocarse, hacer el ridículo, o a ser el elemento discordante del grupo". ¿Qué comprueba esto? Que los seres humanos, que todos nosotros, somos mucho más susceptibles de lo que imaginamos a la presión social, a la mentalidad colectiva y a seguir al rebaño.

La sociedad mexicana, sobre todo los de "en medio", es como un enorme experimento de Asch. Tenemos un grupo de paleros, personas de enorme influencia y presencia en los medios, que pretenden participar con nosotros en el experimento pero constantemente escogen la respuesta equivocada. ¿Cuál es la respuesta equivocada en este experimento? Cualquiera que nos lleve al cinismo. Hay muchas versiones de este tipo de respuesta, la mayoría de ellas incluye una combinación de pesimismo, de ironía, de justificación de la realidad y algún tinte de falsa esperanza. Un claro ejemplo, en mi perspectiva personal, surge del presentador de noticias de Televisa, Carlos Loret de Mola, y su participación en unos videos recientes. En ellos, se dirige a la sociedad mexicana de manera más personal, supuestamente fuera de guión, y en lo que parece ser un video "casero" en un rincón de su oficina. Loret de Mola, quien ha sido catalogado por parte de la sociedad como un periodista que de cierta manera ha protegido a los del *club del privilegio*, se muestra triste, indignado, fastidiado. "Pobre Carlos, está sufriendo pero tiene las manos atadas", dicen.

Este es exactamente el tipo de "palero del cinismo" al que me quiero referir. Si la sociedad percibe que un periodista con un programa, *Primero Noticias*, cuya enorme audiencia rebasa el 30% del mercado matutino y con más de 2.7 millones de seguidores en *Twitter*, se siente impotente y deprimido sobre las posibilidades de cambio en el país, el resto de nosotros, diminutos en comparación con su enorme influencia, tenemos poco a qué aspirar. El cinismo se convierte, de manera trágica, en flor y fruto de la realidad nacional; como vimos en *La paradoja de César*, es tanto su causa, como su consecuencia. Y así, entre bromas de algunos, comentarios de otros, noticias sobre la impunidad de algunos más, se sigue cuestionando una y otra vez la posibilidad del cambio, de una nueva sociedad, de una verdadera democracia. Así jamás saldremos del puerto.

El antídoto contra el cinismo, ese veneno que nos hace abdicar a la ilusión y la esperanza, es precisamente el encontrar nuevas razones para entusiasmar a la sociedad mexicana. Debemos buscar ejemplos en donde la cultura del mérito ya funciona, situaciones de acción social positiva, comportamientos colectivos que pudieran ser multiplicados o guiados en beneficio del país. Les doy un ejemplo: en el primer capítulo les conté sobre el históricamente bajo número de votantes en las elecciones políticas recientes. Actuando como un "palero del cinismo", mis comentarios fácilmente pudieron haberles llevado a concluir que a los mexicanos no nos gusta participar; y punto. Si alguien, después de leer este libro, les preguntara "¿qué tan comprometidos están los mexicanos con la cultura democrática?", su respuesta probablemente sería poco alentadora. Así se seguiría reproduciendo la apatía y el desencanto, ad infínitum. Pero, ¿qué tal si les dijera que en México tenemos, cada semana, un sano y emotivo ejemplo de participación democrática? ¡Cada semana!

Y es que miles, si no es que millones de mexicanos, cada domingo por la noche demuestran su compromiso democrático. Lo hacen en el conocido programa de talentos *La Voz*, ya en su cuarta edición, que ha logrado entusiasmar a muchos mexicanos en lo que podría entenderse como una demostración semanal de participación ciudadana. Su metodología permite que los ciudadanos voten, mediante su teléfono, por el cantante al que desean apoyar. Mientras escribo estas líneas, un joven de 20 años llamado Guido Rochín se ganó el cariño del público interpretando "Por ti volaré" y se llevó el 27% de los votos. Yo nunca he votado en este tipo de programas. Supongo que muchos de ustedes tampoco. Pero su éxito parte de que existe la tecnología y de que una población comprometida votará por algo que le importa. Estos concursos de talentos en la televisión, que han logrado involucrar emocionalmente a la gente de una manera que la política no lo hace, nos muestran que sí hay medicamento contra el cinismo, y que, en México, la cultura democrática y la cultura del mérito están vivas.

"Es indispensable empoderar a la población a partir de la idea de que su opinión sí es relevante", nos dice Ana Francisca Vega en su reciente libro *Ciudadano.mx: Twitter y el cambio político en México.* "Lo anterior implica que cada nueva causa debe tener la virtud de ser inspiradora —por la que se esté dispuesto a luchar, así sea cambiando un avatar o mandando correos— pero aterrizada en objetivos alcanzables y en historias fáciles de contar y entender". Para la reconocida periodista y conductora de radio y televisión, el cinismo, la solemnidad y el ritmo "matapasiones" —características comunes de nuestro proceso de cambio social—, son herencias de nuestra cultura política y son la fuente de nuestra animadversión a involucrarnos en asuntos públicos. Pero en su experiencia, sobre todo al narrar la historia del reciente movimiento #InternetNecesario, si se logra hacer que la protesta sea divertida, si se celebran los triunfos y si se utilizan bien los incentivos de pertenencia, afiliación y autodefinición, se puede lograr que las personas se interesen por temas públicos y sientan que no le son ajenos. En otras palabras, se puede romper la apatía y el cinismo si se siguen estas simples reglas.

Como pueden ver en el título de este capítulo, en este libro pretendo ir más allá de la mera descripción y explicación de los retos que enfrentamos como sociedad, en particular el de la cultura que domina nuestras instituciones, para plantear un concepto de movilización social llamado #dalepoderalmérito. El primer objetivo de esta campaña —por razones que explicaré a continuación— es hacer de la partidocracia el enemigo público número uno, y buscar toda forma pacífica de acotar el poder y los comportamientos antisociales que muestran los partidos políticos en México. #dalepoderalmérito quiere decir quitarle poder a los partidos políticos; podemos decir que ese es nuestro primer objetivo. El segundo objetivo es entender, reconocer y utilizar la cultura del privilegio y la cultura del mérito como criterios para informar nuestras decisiones electorales en la siguiente elección, ahora en junio de 2015, y en las elecciones posteriores. Como veremos en el siguiente capítulo, las candidaturas independientes presentan una oportunidad interesante de cumplir con el primer objetivo, el de quitarle poder a los partidos. Y para el segundo objetivo, para elegir a gente con mérito, #dalepoderalmérito implica votar a favor de la cultura del mérito y votar en contra de la cultura del privilegio.

El tercer y último objetivo no se enfoca en el mundo de la política, sino en la sociedad civil. Se trata simplemente de reconocer y apoyar a las personas y organizaciones que están luchando por nosotros día con día. Veremos en el séptimo y último capítulo de este libro que las claves para construir la sociedad del mérito son, como deben imaginar, la educación y la inclusión social. #dalepoderalmérito quiere decir: reconocer a quienes nos educan y a quienes defienden nuestros derechos sociales. Como ven, la campaña #dalepoderalmérito es una idea ambiciosa —lo digo desde ahora— cuyo desarrollo completo y, sobre todo, cuya implementación no puede ser influenciada por una sola persona. El cambio social, en los tiempos del 3G, no se da por mandato ni se diseña en libros de esta naturaleza. Sin embargo, en los próximos dos capítulos planteo algunos "objetivos alcanzables" que —considero— podrían comenzar a inclinar la balanza hacia el optimismo.

Un enemigo en común

En la mañana del 2 diciembre de 2012, el presidente Enrique Peña Nieto amaneció por primera vez en Los Pinos. Seguramente despertó temprano pues tenía un día muy importante. Unas horas más tarde se trasladaría hacia el Castillo de Chapultepec para firmar el histórico Pacto por México. Desde octubre de ese año, con la participación de Luis Videgaray y Miguel Ángel Osorio, ambos secretarios del gobierno actual; de Gustavo Madero y Santiago Creel por parte del PAN; de Jesús Zambrano y Jesús Ortega en representación del PRD; y como anfitrión el ya mencionado exgobernador de Oaxaca, José Murat, se había comenzado a gestar este acuerdo entre las tres principales fuerzas políticas del país. Un acuerdo de tanta importancia que ha sido comparado con los célebres Pactos de la Moncloa, firmados durante la transición española en 1977. "¿Quién ha hecho tal comparación?", se preguntarán. Los participantes mismos del nuestro. El chiste se cuenta solo.

Pero más allá de estas absurdas comparaciones, hay quienes celebran el Pacto por México pues, ciertamente, dio pie a que se legislaran importantes reformas que el país requería desde hace más de dos décadas. Al menos por unos meses, durante lo que algunos medios internacionales catalogaron como el *momento mexicano*, parecía que volvíamos, paso a paso, reforma tras reforma, a tomar cierto rumbo como país. En pocos meses, el presidente Peña Nieto se haría famoso en todo el mundo, catalogado como un "joven reformador" y como el "salvador de México", según la revista *TIME*. Curioso darle crédito al mismo partido que bloqueó todas estas reformas durante dos sexenios, pero nadie está contando. Lamentablemente, la felicidad duró poco; el Pacto por México también, y el ímpetu reformista de pronto se detuvo. Una serie de escándalos que ligan al nuevo gobierno con posibles conflictos de interés sembraron dudas alrededor del mundo acerca de la profundidad del cambio que, se suponía, estábamos viviendo.

"¿Qué está pasando?", se preguntan los mismos periodistas internacionales que hace solo unos meses glorificaban al presidente y su talentoso equipo. Y es que después de vender al país como el mercado emergente más dinámico del planeta, ahora tienen que explicar a la comunidad internacional, y a los inversionistas, por qué el crecimiento del PIB sigue por debajo del 2% en promedio y las reformas no han surtido efecto. La respuesta es sencilla: nuestros partidos políticos están empleando —como lo han hecho desde tiempos memoriales cuando no quieren hacer nada— el arte de la simulación. Carlos Bravo Regidor lo explica así: "No es que las reformas se legislaran bien pero su implementación esté fallando, es que su implementación está fallando porque las reformas no se legislaron bien. No es que el gobierno de Peña Nieto acertara al restarle importancia a la violencia aún y cuando esta estuviera fuera de control, es que la violencia sigue fuera de control porque el gobierno de Peña Nieto le restó importancia. Y no es que el Pacto por México lograra su propósito aunque después la oposición y los contrapesos se desdibujaran, es que la oposición y los contrapesos se desdibujaron precisamente porque el Pacto por México logró su propósito".

Para el historiador Lorenzo Meyer, la simulación política que estamos viviendo es más que evidente y representa un regreso al autoritarismo, al presidencialismo. "La reforma educativa no cambió el contenido de la educación pero ayudó a eliminar a una lideresa magisterial insubordinada y devolver el control del SNTE al presidente", dice el profesor emérito de El Colegio de México. "Un Congreso ya obediente al Ejecutivo permitió colocar en la Suprema Corte a un funcionario sin carrera judicial o académica pero miembro del grupo peñista y que habrá de permanecer ahí 15 años. Esa operación se volverá a repetir con los dos próximos reemplazos de ministros para asegurar así la subordinación de la Corte. Un mecanismo similar, más el desgaste de Jesús Murillo Karam, permitieron a Peña Nieto colocar en la Procuraduría —en teoría una institución fundamental— a una exsenadora priista sin experiencia como penalista pero afín al presidente y que, además, está en posibilidad de ser la primera fiscal general por nueve años. La meta, pues, no es 'Mover a México' sino amarrarlo para que ya no se mueva de la dirección en que va".

También para Joel Ortega Juárez, uno de los peores daños que la élite política le ha infligido al país y a nuestra débil democracia es, precisamente, esta simulación. "La política mexicana es muy semejante a la lucha libre. La destreza de los actores aparenta un nivel de confrontación que es en realidad una simple actuación ante 'el público' que esconde la complicidad derivada del control del poder de esa partidocracia", dice Ortega, un importante líder comunista durante su juventud. Si a esto sumamos que dentro de los mismos partidos existen múltiples facciones que se contradicen entre sí, y que además hay personajes que cambian de afiliación política con base en el partido que mejor preserve su acceso a puestos públicos y recursos gubernamentales, nos quedamos con un cuadro muy complejo. Por ello, mientras nuestro sistema político siga controlado por la cultura del privilegio, sin lealtad, sin compromiso, cuidándose las espaldas, no podremos distinguir entre buenos y malos, entre rudos y técnicos.

Nuestros partidos políticos, un grupo de instituciones excluyentes carentes de democracia interna y adictas a los recursos públicos, representan el principal foco de infección de la enfermedad que tenemos como país: la cultura del privilegio. De acuerdo a un reporte de la asociación civil Incide Social, el 90% de las candidaturas para diputados y senadores en el año 2015 fueron decididas por los dirigentes de cada partido sin que los militantes tuvieran alguna participación. A pesar de tener la obligación legal de contar con un "proceso de selección interna" para definir a los candidatos, esta organización denuncia que los partidos han seleccionado como sus principales candidatos a "dirigentes partidistas, representantes de grupos económicos o de poderes fácticos, caciques locales, familiares o colaboradores de dirigentes o gobernadores, o personas sin mérito o trayectoria política conocida". Ni un solo rastro de vestigio de meritocracia queda en nuestros partidos tradicionales.

Así, además de ser los principales "paleros del cinismo" en nuestro país, al simular que trabajan en los cambios que necesitamos, o al hacerlos parecer inalcanzables, los partidos políticos se han convertido en el principal aliado del *club de ellos*. Utilizan, sin ningún remordimiento de conciencia, a nuestras instituciones públicas para beneficio de sus miembros y sus familiares. Este mismo año, el PRI en particular causó revuelo al incluir a Sylvana Beltrones Sánchez, hija de Manlio Fabio Beltrones, como candidata plurinominal. Asimismo, el partido heredero de nuestra revolución postuló a colaboradoras del exdirigente del PRI capitalino, Cuauhtémoc Gutiérrez de la Torre, acusado de mantener una red de prostitución en sus oficinas. Los intereses del sector de telecomunicaciones —las "telebancadas" que ya mencionamos— nuevamente encontraron representación en la lista del PRI. Aparece Tristán Canales Nájar, quien fuera vicepresidente de TV Azteca y cuya carrera como abogado litigante se ha concentrado en defender a los medios de comunicación. Para Eduardo

Huchim, experto en sistemas electorales, la crisis de credibilidad por la que atraviesan los partidos en México explica la decisión del PRI de conformar esta lista disímbola en aras de la búsqueda de votos. "Es entendible que acudan a estos recursos. Ese no es el problema. El problema es que esos candidatos prueben capacidad de representación política. Ser diputado no es un juego", expuso el analista político.

El PRI no es el único partido que ha caído en la arrogancia y descomposición total. A principios de 2015, en una serie de reclamos y acusaciones públicas entre Felipe Calderón Hinojosa y Juan Molinar Horcasitas —quien fuera miembro de su gabinete y su cercano colaborador—, el exmandatario llegó a esta misma conclusión. "El verdadero problema es que el PAN le ha cerrado la puerta a los ciudadanos", dijo en un extraño brote de sinceridad, "sus representantes se representan a sí mismos, no a los ciudadanos". Según Calderón Hinojosa, en el Partido Acción Nacional "no solo se les abrían las puertas; se les invitaba a entrar", dice en una importante aclaración, pues aparentemente una no garantiza la otra. Pero, al parecer, ahora el PAN le ha cerrado la puerta a los ciudadanos que se han querido afiliar recientemente, máxime en momentos en los que "renace la urgencia ciudadana de participación y la necesaria existencia de un instrumento adecuado para ello", concluye Calderón. Si bien es cierto que el partido que gobernó a México por más de una década sí buscó sumar a varios ciudadanos que representaban la cultura del mérito, muchos de ellos se convirtieron en lo mismo que habían criticado. Basta con ver el comportamiento de personas como Ernesto Cordero, quien fuera secretario de Desarrollo Social y después de Hacienda en el sexenio anterior, sin grandes logros, y que ahora se ha sumado a la nueva oligarquía de la partidocracia mexicana.

Queda claro, entonces, que el primer enemigo que como sociedad del mérito debemos enfrentar en el campo de batalla son los partidos políticos. Tienen varias características que los hacen buenos adversarios: son fácilmente identificables, pues usan uniformes con colores distinguibles; son públicos, en su comportamiento y en su constitución legal; están regulados por una serie de instituciones y leyes que, aunque generalmente no siguen, podrían llegar a ser impuestas; finalmente, necesitan de *nosotros* para sobrevivir, de nuestros votos y nuestra militancia. ¿Cómo le hacemos daño a los partidos políticos? Aquí me sumo a una estrategia que ya está en curso. Usemos los mecanismos de democracia directa, los de la iniciativa ciudadana y la consulta popular para tratar de pegarles en tres áreas: quitándole el fuero a nuestros representantes populares, eliminando las diputaciones y senadurías plurinominales y reduciendo al máximo posible el financiamiento público de nuestros partidos políticos.

Cambiando las leyes para nosotros

"México fue capaz de construir una democracia germinal", dice José Woldenberg, el primer ciudadano en presidir el Instituto Federal Electoral. En un par de décadas, a través de muchas reformas políticas, hemos avanzado en ciertos aspectos como país. Se puede decir que hoy tenemos elecciones más competidas, representación ligeramente más plural, un mejor balance entre los distintos poderes constitucionales y, sobre todo, una clara ampliación del ejercicio de las libertades. "Todos los signos de un sistema democrático están ahí y, comparándolos con nuestro pasado inmediato, resultan irrecusables", dice el profesor Woldenberg con justa razón. En realidad la pelota está de nuestro lado, del lado de los ciudadanos; las herramientas —los famosos "remos"— ya están ahí para ayudarnos a edificar un futuro distinto.

Como muchos han sugerido en años recientes, la participación ciudadana es fundamental si México quiere fortalecer su democracia y dar poder de verdad a sus ciudadanos. Votar es un derecho, y, aunque enfrentamos la situación adversa que hemos descrito anteriormente, con una sociedad apática, partidos que simulan y candidatos que no inspiran, debemos usar el sufragio de la manera más inteligente posible. En el próximo capítulo hablaremos de la oportunidad que se presenta por primera vez en México de usar el voto para elegir verdaderos ciudadanos de mérito. Pero, cabe aclarar, votar no es la única herramienta que tenemos para cambiar al país; existen otras mucho más poderosas, mucho más directas. Me refiero a la posibilidad de cambiar las leyes, incluso la Constitución, si un número significativo de mexicanos así lo solicita.

El primer "remo" con el que contamos desde 2014 es la "iniciativa ciudadana" para proponer leyes al Congreso. El segundo, es la Ley Federal de Consulta Popular, aprobada en 2014 y que se entiende como "el mecanismo de participación por el cual los ciudadanos ejercen su derecho, a través del voto emitido mediante el cual expresan su opinión respecto de uno o varios temas de trascendencia nacional". Ambos mecanismos tienen el mismo problema: requieren, de cierta manera, de la participación de la élite política. En la iniciativa ciudadana, nosotros proponemos y ellos votan. En la consulta popular han hecho muy difícil que sea la ciudadanía quien la convoque, pero nosotros somos los que decidimos. Por supuesto que la élite tampoco nos iba a poner las cosas fáciles. En ambos casos, los partidos políticos han tratado de colocarse en el centro de estos mecanismos de cambio y, además, muchos temas y asuntos públicos han sido reservados, es decir, excluidos de la posibilidad de definirse mediante una consulta popular. Entre estos temas vetados se encuentran: la restricción de los derechos humanos reconocidos por la Constitución; los principios consagrados en el artículo 40 de la Constitución; la materia electoral; los ingresos y gastos del Estado; la seguridad nacional y la organización, funcionamiento y disciplina de las Fuerzas Armadas.

Pero quedan todos los demás temas que sí pueden ser cuestionados por la ciudadanía organizada. Para regular esto, la ley otorga atribuciones a la Suprema Corte para decidir la constitucionalidad y trascendencia de la pregunta de cada consulta. Ejemplo de esto fue la propuesta de consulta popular realizada por el Movimiento Regeneración Nacional (Morena) y por el Partido de la Revolución Democrática (PRD) sobre materia energética hace unos meses. La petición buscaba frenar a través de una consulta popular la reforma energética del presidente Peña Nieto, misma que abre el sector petrolero y eléctrico a la inversión privada nacional y extranjera. Sin embargo, la Suprema Corte de Justicia de la Nación la declaró inadmisible porque el tema se relaciona con los "ingresos y gastos del Estado", uno de los rubros constitucionalmente vetados para someterse a consulta popular. Queda el manto de duda de hasta dónde llegará el alcance de los ámbitos que no serán vetados en futuras peticiones.

Lo que quisiera resaltar de estas herramientas de participación política, es que nos permiten evadir la "trampa" de tener que pedir el cambio a *ellos*. Si bien la consulta popular la pueden solicitar el presidente, el equivalente al 33% de los integrantes de cualquiera de las cámaras del Congreso, los ciudadanos en un número equivalente al 2% de los inscritos en la lista nominal de electores —que, según datos del Instituto Nacional Electoral, ese porcentaje equivale a un millón 671 mil 366 personas— la pueden iniciar también. Y aunque el resultado solo será vinculante para los poderes Ejecutivo y Legislativo federales, así como para las autoridades competentes, cuando la participación total corresponda, al menos, al 40% de los ciudadanos inscritos en la lista nominal de electores, es decir, a 33 millones 427 mil 309 mexicanos, la posibilidad existe. Poner los números en perspectiva ayuda a dimensionar el impacto que podría tener un movimiento fuerte y estructurado para el futuro de México.

Sin poder ahondar en muchos de los detalles de estos mecanismos —pues no son ni la finalidad de este libro, ni mi área de mayor experiencia—, aquí quiero dejar la primera de las tres propuestas del movimiento #dalepoderalmérito. Busquemos cambiar la ley nosotros mismos, la sociedad del mérito, presionando a los partidos políticos y al Ejecutivo, para quitarles poder y privilegios indebidos. Usemos la iniciativa ciudadana para reformar las leyes y reglamentos político-electorales con un propósito claro: quitarle poder al poder. Como dije anteriormente, el fuero constitucional, el escudo que nuestros políticos usan para protegerse contra la ley, es algo que —en palabras del mismo senador Miguel Barbosa, actual presidente de la Cámara de Senadores— "poco ayuda y mucho estorba". Hagámosle caso y tomemos esto como una batalla ciudadana, no por las consecuencias que traerá, que seguramente no serán trascendentales, sino para demostrar que sabemos remar, que avanzamos.

Usemos después la misma táctica de batalla para eliminar la lista plurinominal que permite la entrada al Congreso a personas que no son electas por el voto directo de los ciudadanos. La vía plurinominal es una aberración, un apéndice, un anacronismo de nuestra tardía pluralidad democrática. Las diputaciones y senadurías de representación proporcional son un excelente ejemplo de una institución *exclusiva* que, en los tiempos que vivimos, no tiene razón de existir. Al eliminar a los famosos "pluris" le quitamos el camino más seguro que tiene la partidocracia para autoperpetuarse; le quitamos a los políticos una herramienta que usan para pagarse favores, asegurarse la continuidad; le quitamos al club del privilegio una de las formas más comunes que tienen de herencia familiar, la del poder político; y abrimos espacios para que los nuevos diputados, los que formen parte de *nosotros*, de la cultura del mérito, tengan más influencia y más poder.

En uno de sus compromisos de campaña en la pasada elección presidencial, Enrique Peña Nieto propuso lo mismo: eliminar a los senadores plurinominales y reducir a los diputados electos bajo este principio. ¿No será tiempo de que la sociedad se ponga de lado de nuestro presidente para ayudarle a cumplir con al menos una de sus promesas de campaña? Tomémosle la palabra y eliminemos a los legisladores plurinominales.

CAPÍTULO SEIS

El gobierno que merecemos

No está en la naturaleza de la política que los mejores hombres sean elegidos.
Los mejores hombres no quieren gobernar a sus semejantes.

Gore Vidal

Amanecí ansioso, nervioso, emocionado ese día. Nunca me habían importado mucho los premios de la Academia en los Estados Unidos, aunque siempre he disfrutado verlos. Este año México estaba muy bien representado. Por segundo año consecutivo había un nombre mexicano en las categorías de mejor dirección de fotografía, mejor director y mejor película. Las joyas de los premios Oscar para quienes permanecen detrás del lente.

Hubo muchas alegrías para México esa noche. Emanuel Lubezki hizo historia ganando la presea como cinematógrafo en dos años consecutivos. Alejandro González Iñárritu, quien competía con la película *Birdman*, se había llevado el Oscar a mejor director. Pero faltaba todavía el momento crucial: el premio a la mejor película, el que nunca habían podido traer de regreso al país. Sean Penn, el famoso actor que ha colaborado también en películas con Iñárritu, no pudo contenerse cuando vio ese nombre al abrir el sobre y soltó un comentario sobre permisos de trabajo en Estados

Unidos que generó críticas por su connotación racista. Pero a nadie le importó realmente, el premio era de México finalmente.

"Quiero dedicar este premio a mis compatriotas mexicanos; a los que viven en México", dijo en inglés el galardonado y reconocido cineasta mexicano. "Y pido porque podamos construir el gobierno que merecemos". En los últimos años, pocas veces he sentido más entusiasmo, más orgullo de ser mexicano. Fue más que el logro histórico, más que reconocer el mérito de un excelente artista y líder; fue darnos cuenta de que, a pesar de que lleva más de una década viviendo en Los Ángeles, el director de *Amores perros* usó ese momento para hablarle al mundo sobre los enormes problemas que se viven en nuestro país. Pero además fue entender que si lo hizo fue porque, como nosotros, Iñárritu siente un profundo amor y compromiso hacia su país. De manera instantánea, como era de esperarse, la frase estaba en todas las redes sociales y portales de noticias. "¿Qué quiso decir Iñárritu?", se preguntaban, así, retóricamente, algunos periodistas. "¿Qué responderá el gobierno que tenemos sobre la propuesta de crear 'el que merecemos'?", se preguntaban otros.

"Como país nos enorgullece saber que mexicanos pueden triunfar, descollar, tener éxito, aquí y fuera de México", dijo Peña Nieto en respuesta a Iñárritu algunos días después, durante la entrega del Premio Internacional Carlos Fuentes a la Creación Literaria. "Como gobierno, hoy nos ocupa precisamente sembrar las mejores condiciones, trabajar porque nuestro país tenga los mejores espacios y para que cada individuo pueda escribir sus historias personales de éxito". Curioso dato es el que ninguno de los galardones de los últimos años a mexicanos sea por películas que se hicieron en esos espacios, sino en el exterior.

González Iñárritu no estuvo solo en su súplica por un mejor gobierno para México. Unas semanas más tarde, el creador de *El laberinto del fauno*, Guillermo del Toro, dijo en Guadalajara: "Estamos en un momento excepcional; vivimos un hito de inseguridad, de descomposición, que va a ser histórico". Y un poco más tarde, en esa rueda de prensa en el marco del Festival Internacional de Cine, agregó que le encantaría sentarse con la clase política y prenderles fuego "para que hubiera voluntad histórica, no nomás voluntad de robar". "Los gobiernos ya no son parte de la corrupción; el Estado es la corrupción", fue la frase con la que concluyó.

La corrupción es el sistema

Nuestros cineastas tienen razón. La corrupción en México es como una enorme tragicomedia que deja muy mal sabor de boca. Usando palabras de Shakespeare, nuestro país es un pobre actor que en escena se arrebata y contonea. Y antes que Del Toro, el escritor Gabriel Zaid ya había planteado una descripción contundente similar: "La corrupción no es una característica desagradable del sistema político mexicano: es el sistema". Pero, ¿cómo puede ser que la corrupción se haya convertido en la forma de ser de todas las instituciones del gobierno? Sencillamente a través de una serie de incentivos perversos que, como remolinos, se intensifican.

Si recordamos la famosa *Ley de Gresham*, discutida en el tercer capítulo de este libro, es lógico que un gobernante que utiliza la corrupción como método para llegar al poder tendrá mucha dificultad para dejarla atrás. Sobre todo una vez que le entreguen la llave de la caja fuerte. Primero, porque tiene que saldar de alguna manera las deudas que contrajo con quienes le prestaron dinero para ganar su elección. Segundo, porque en la mayoría de los cargos de elección popular —las alcaldías, por ejemplo; o las diputaciones—, el periodo resulta ridículamente corto debido a la inexistente posibilidad de reelegirse en el cargo. Así, el primer año lo usa para regresar favores preelectorales; el segundo, para hacerse su guardadito y acomodar a los suyos, no vaya a ser; y el tercero se le va en buscar y financiarse el salto al siguiente puesto, con la intención de que sea uno que particularmente le otorgue el codiciado fuero.

En este sentido, el gobierno en México ha caído en un circulo vicioso y es fácil ver cómo todo esto se convierte en un problema endémico, sistémico. Lo veíamos en el caso de los Moreira en Coahuila y lo vemos ahora por todas partes. Volviendo a nuestro amigo Jorge Castañeda, él, en una de sus confesiones autobiográficas, nos da un ejemplo claro de este mal: "Recuerdo una noche de noviembre del 2000, cuando Santiago Creel y yo nos revelamos mutuamente nuestros nombramientos, aún secretos", recuerda en su libro. "El secretario de Gobernación *to be* me confesó su preocupación primordial: que, para triunfar, Fox hubiera efectuado tal cantidad de concesiones a los poderes fácticos y de tal magnitud, que su llegada se hallaría comprometida antes siquiera de empezar". ¿Y para qué entraron si sabían esto? En fin, otra pregunta retórica.

Con tanta evidencia de los intereses cautivos y las malas prácticas de nuestros gobernantes, cada día más mexicanos comienzan a ver a toda la autoridad —a todas las instituciones ligadas al gobierno— como fraudulenta, corrupta e incompetente. En 2015, por ejemplo, la Auditoría

Superior de la Federación informó sobre una serie de desvíos de las transferencias que reciben los gobiernos estatales y municipales para educación, salud o seguridad. Casi 11 mil millones de pesos se depositaron en cuentas bancarias distintas a las autorizadas; 8 mil millones se aplicaron en conceptos que nada tienen que ver con los fines de los fondos y programas; y se detectaron 2 mil 600 millones que las secretarías de Finanzas de los estados no entregaron a los entes ejecutores. Todo esto en un solo año y sin consecuencia alguna, hasta hoy. No resulta sorprendente entonces que, en 2014, las calificaciones de confianza en las instituciones de Consulta Mitofsky para diputados, senadores, alcaldes, partidos políticos y policías se colocaron todas entre 5 y 6 puntos, en una escala de 0 a 10. Todas estas han bajado en los últimos años entre 2 y 3 puntos.

El problema de operar en un ambiente de baja confianza institucional es que nos lleva a otro círculo vicioso. En parte porque la gobernabilidad misma se ve afectada, y esto, a su vez, hace que la capacidad del Estado de entregar buenos resultados se vuelva imposible —y tomemos en cuenta que ya era, de por sí, improbable—. Los politólogos que han teorizado sobre las instituciones dicen que un ambiente de desconfianza genera peores conductas por parte de los gobernantes, así como expectativas cada vez más bajas por parte de la población civil. Así, las muchas instituciones que Acemoglu y Robinson —de quienes hablamos en el segundo capítulo— identifican como pilares de la democracia se ven con gran escepticismo. Instituciones que, en su mayoría, permanecen sin reforma, perpetuando un sistema elitista, corrupto, que protege, justifica y galardona a quienes las llevaron a su fracaso. Así se cimienta la cultura del privilegio en el sistema.

Y en esta gran película nacional que es la política, los actores de reparto demuestran una enorme habilidad de aprendizaje y de innovación, pero no para lo bueno. En México debe de haber, seguramente, una firma de consultoría estilo McKinsey and Company cuyo *expertise* sea replicar las mejores peores prácticas posibles entre los candidatos y servidores públicos. No puedo afirmar esto de cierto, pues nunca he requerido de sus servicios, pero me parece fascinante con qué velocidad se transfiere y difumina la tecnología y el *know-how* entre los corruptos. Una alcaldesa en Nuevo León promete no *chapulinear* para ganar una elección y de pronto esto se convierte en *la* estrategia de campaña a lo largo y ancho del país. Sin distinguir colores o niveles de gobierno. Después, al no cumplir su promesa, la respuesta que ella misma da ante la evidente falta de compromiso se propaga más rápido que la televisión digital y, de pronto, todos los *chapulines* usan la misma técnica.

María Amparo Casar nos da un ejemplo similar sobre lo que hacen los políticos cuando se ven acorralados por la exhibición de presuntos delitos y reaccionan de acuerdo a un libreto que ha probado una y otra vez su eficacia. "Las líneas más socorridas del guión son: quieren hacer de mí un chivo expiatorio, se trata de una venganza política, buscan descarrilar mi carrera política, mi adversario ha hecho cosas peores y no lo han tocado. Todas ellas se reducen a la ya muy manida, pero todavía efectiva y mágica idea de la politización de la justicia, cuyo efecto neto es preservar la impunidad del poder político". Nuevamente, el modus operandi es idéntico, sin importar de qué partido son ni dónde están. Cuando se exhibe la presunta conducta delictiva, dice Casar, el inculpado se defiende diciendo que está siendo víctima de la politización de la justicia. "Al hacerlo cambia el foco de atención del delito mismo a la intencionalidad del acusador. No se sabe bien por qué, pero la intención del acusador actúa como una suerte de exculpación del delito y pavimenta el camino a la impunidad".

Por eso concuerdo con Zaid: la corrupción es el "¿y cómo se llamó la obra?" de todo el sistema político mexicano. Ya no hay manera de distinguir entre corrupción y gobierno, y viceversa. Como nos recuerda Luis Carlos Ugalde, si la corrupción del siglo pasado surgió de la concentración del poder en la Presidencia y de la falta de contrapesos al Ejecutivo, la actual es, en cambio, resultado de la dispersión del poder y de la apertura de muchas ventanillas para hacer negocios. "Si antes había que tocar la puerta de Los Pinos, ahora hay muchas otras ventanillas jugosas en los poderes legislativos, en los gobiernos estatales y en los ayuntamientos", dice quien fuera presidente del IFE durante la elección de 2006. "La democratización ha significado la pulverización de los puntos de acceso para lucrar con la influencia política de muchos jugadores que hoy tienen una palabra o un voto para definir leyes, contratos, permisos y presupuestos", escribió en *Nexos*. Esta pulverización del fenómeno de la corrupción que estaba, hasta finales de los noventa, más o menos centralizado por el autoritarismo, no solo ha explotado de manera vertical, del nivel federal de gobierno a los niveles estatales y municipales; sino también horizontal, del Poder Ejecutivo al Legislativo, Judicial y a otras instituciones de gobierno.

Todas estas nuevas y muy visibles formas de corrupción y tráfico de influencias nos llevan de regreso al tema de la impunidad. ¿Será que todo este constante y muy público desacato de nuestros funcionarios a lo que establece la ley quiere decir que, en principio, el gobierno ha legitimado esta forma de ser y deshacer? Al menos eso nos sugiere Denise Dresser, en esta informada deducción lógica que —de pasadita— nos recuerda los mayores escándalos políticos de los últimos años en México.

La deducción de Denise

Denise Dresser
"Gobierno legal"
Reforma, enero de 2015

En México la fortuna inexplicable de Raúl Salinas de Gortari es legal.

· Que el hermano de un presidente cobre comisiones para asegurar contratos con el gobierno es legal.

· El *Moreiragate*, con el cual el exgobernador endeudó y desfalcó a su estado, es legal.

· La acumulación de casas por parte de Arturo Montiel en México y en el extranjero es legal.

· El secuestro de sus hijos, en violación de la Convención de la Haya, es legal.

· Que los contratos gubernamentales se hagan cada vez más por adjudicación directa es legal.

· Que las privatizaciones de los 80 y los 90 hayan beneficiado a los amigos del gobierno, en lugar de a los mejores operadores, es legal.

· Que el exsecretario de Gobernación de Felipe Calderón, Juan Camilo Mouriño, haya firmado contratos que beneficiaron a su familia siendo presidente de la Comisión de Energía de la Cámara de Diputados es legal.

· Que Televisa haya armado un montaje televisivo con la ayuda de Genaro García Luna, violando así la presunción de inocencia y el debido proceso en el caso de Florence Cassez, es legal.

· Que la Suprema Corte haya declarado que las violaciones a las garantías individuales de Lydia Cacho fueron "poco graves" es legal.

· Que la Suprema Corte haya declarado que los ciudadanos no teníamos "interés legítimo" en conocer qué estados fueron beneficiados con la condonación fiscal del Congreso —en el caso "Yo Contribuyente"— es legal.

· Que Juan Molinar haya renovado el contrato de subcontratación de la

Guardería ABC, a pesar del reporte sobre la inseguridad del recinto, es legal.

· La transferencia de recursos no fiscalizados por parte del gobierno federal al Sindicato Nacional de Trabajadores de la Educación y al Sindicato de Trabajadores Petroleros de la República Mexicana es legal.

· El *Monexgate* es legal.

· La riqueza de Carlos Romero Deschamps, Elba Esther Gordillo y tantos líderes sindicales más es legal.

· La repartición de tarjetas Soriana es legal.

· La compra por parte del presidente de una casa a un constructor que después ganó lucrativos contratos en el Estado de México es legal.

· La existencia de un contrato entre TV Promo/Radar (empresa vinculada a Televisa) y Enrique Peña Nieto, cuando era gobernador del Estado de México, para comprar cobertura favorable y entrevistas a modo es legal.

· La participación de la familia de Pedro Joaquín Coldwell en contratos y licitaciones que involucran a Pemex, siendo secretario de Energía, es legal.

· La Casa Blanca de la Primera Dama/Higa, comprada con recursos que todavía no ha comprobado, es legal.

· La compra de la casa de Luis Videgaray en un club de golf en Malinalco, con un préstamo a una tasa de interés aún desconocida, provisto por una inmobiliaria beneficiada por el gobierno —Grupo Higa—, es legal.

· La licitación del tren rápido México-Querétaro es legal.

· La cancelación de la licitación del tren rápido México-Querétaro es legal.

· La participación accionaria del 80% de César Camacho, dirigente nacional del PRI, en una empresa que ha ganado contratos en el Estado de México es legal.

· La compra de un banco en Chihuahua, con recursos no comprobados, por parte del gobernador César Duarte es legal.

· Que un delegado use carro prestado por un proveedor es legal.

· Que funcionarios públicos no expliquen a cabalidad sus declaraciones patrimoniales, ni hagan públicas sus declaraciones de impuestos, ni revelen posibles conflictos de interés es legal.

· La presentación incompleta de la declaración patrimonial de Miguel Mancera y su equipo, argumentando cuestiones de "seguridad", es legal.

· Que un delegado deje su puesto seis meses antes de haber cumplido su periodo, para buscar una candidatura, es legal.

· Los "moches" no investigados ni sancionados son legales.

· El desvío de fondos de gobiernos de izquierda para financiar las actividades proselitistas de Andrés Manuel López Obrador es legal.

· Que el Partido Verde viole descaradamente la legislación electoral y reciba tan solo una amonestación del INE es legal.

· Que el *Niño Verde* haya sido captado en un video negociando un soborno para permitir la construcción de un hotel en una reserva ecológica y, aún así, siga siendo dirigente de su partido es legal.

· Que el Sistema Nacional Anticorrupción haya sido frenado por el PRI en el Congreso es legal.

· Que el presidente y su gobierno sigan incurriendo en conductas que la revista *The Economist* llama "inaceptables" es legal.

· Que ni una sola figura pública haya rendido cuentas o renunciado por los escándalos de conflicto de interés que estallan día tras día es legal.

· Ergo, en México la corrupción es legal.

¿Cómo se barre una escalera?

"Combatiré la corrupción con todo el peso de la ley" grita el político al terminar su discurso. ¿Cuál político? El que ustedes escojan en casi todo el mundo. Una gran cantidad de países han fracasado en detener y erradicar este cáncer que debilita a las naciones, reduce el bienestar y destruye el sueño democrático. En Turquía y Perú, en China y Haití, en Estados

Unidos y Rusia, todos enfrentan los mismos problemas: intereses ocultos, apropiación de bienes públicos, beneficios personales, fraudes y robo a gran escala. Un crimen calculado, una falla en el sistema, la corrupción parece una enfermedad incurable. Excepto que sí existe una cura, un tratamiento, un antecedente. Se trata del país al que todo el mundo voltea cuando quiere imaginar una solución posible, el país que algunos critican por haber sido algo así como un "padre muy estricto" pero cuyos resultados hablan por sí mismos: el pequeño país llamado Singapur.

Este año el mundo perdió a un gran líder. Lee Kuan Yew, quien fuera primer ministro por más de 30 años, falleció a solo unos meses de celebrar 50 años de independencia de su país, la pequeña excolonia del Reino Unido. Conocí al enigmático líder de Singapur brevemente en 2013. Me reuní con Lee, con el entonces presidente Tony Tan y con el embajador de Singapur en Suiza, Tee Tua Ba, en la antesala de una cena de gala a beneficio de la Cruz Roja. Nuestra conversación fue muy amena. Después de una discusión general sobre la economía global y la de su país, aproveché la oportunidad y le pregunté directamente:

—¿Cómo resolvemos la corrupción en México? —me miró fijamente y sonrió, seguramente por ser esta la pregunta que todo el mundo le ha hecho durante más de medio siglo.

—Lo más fácil es comenzar con grandes ambiciones, con estándares altos, con buenas ideas; pero lo difícil es mantener vivas esas buenas intenciones —me dijo con su excelente inglés, uno cuyo acento no pude identificar. Era un acento, en partes marcadamente británico, en partes asiático, y sonaba a la vez muy gringo.

—¿Y cuál es el truco para mantener la motivación? —le insistí, buscando que me diera la receta secreta, algo que no estuviera ya documentado, la verdadera fórmula.

—La clave del éxito siempre fue la calidad de la gente a cargo —me dijo.

El embajador Tee lo interrumpió en ese momento para contarme una historia sobre algún embajador de México en Singapur y se nos acabó después el tiempo. Pero salí contento de esa experiencia porque el caso de Singapur es tan excepcional como esperanzador. Y sí, es difícil de implementar pues requiere de mucha continuidad, inteligencia y destreza —y, sobre todo, requiere de la participación y la aceptación de toda la sociedad—. "Nuestro mayor capital era la confianza de nuestra gente", recuerda Lee en su autobiografía titulada *Del Tercer Mundo al Primero*. "Los comunistas nos insultaban a mis colegas y a mí, llamándonos perros, seguidores del imperialismo colonialista, pero la sociedad vio a un grupo de líderes de la burguesía educados en inglés y vio cómo nos levantamos por ellos y defendimos sus intereses". Después puntualiza: "fuimos cuidadosos de no malgastar esta recién ganada confianza con un mal gobierno y corrupción".

Fue así como, en 1959, un grupo de jóvenes bien educados, trabajadores y comprometidos comenzó la aventura de llevar a un pequeño país sin recursos naturales a ser uno de los centros financieros, tecnológicos y marítimos más importantes del mundo. "Teníamos un profundo sentido de misión, de establecer un gobierno limpio y eficaz. Cuando tomamos juramento, todos usamos camisetas y pantalones blancos para simbolizar la pureza y honestidad en nuestro comportamiento personal y en nuestra vida pública. El pueblo esperaba eso de nosotros, y nosotros estábamos dispuestos a vivir así y cumplir sus expectativas".

Todos sus ministros eran personas de gran mérito, académicamente preparados y profesionales honestos. Cabe mencionar que la mayoría de las esposas de estos ministros también podían, como recuerda Lee, "sostener a nuestras familias en caso de que no estuviéramos presentes". Y es que los riesgos de luchar contra los corruptos siempre son altos. Lo más importante, como dijo también en nuestro breve encuentro, era el compartir ese verdadero compromiso que sentían con la causa anticorrupción: "logramos establecer un clima que miraba la corrupción en las oficinas públicas como una amenaza para la sociedad, y cuando los ministros sienten la confianza de la gente, los servidores públicos también pueden mantener su frente en alto y tomar decisiones con confianza".

Desde que llegaron al poder en 1959, se aseguraron de que todos los recursos se utilizaran apropiadamente, que no se perdieran en el camino. Le dieron especial atención a las áreas donde el poder discrecional se pudiera utilizar para beneficio personal y diseñaron instrumentos que pudieran prevenir, detectar y disuadir esas prácticas. La principal agencia a cargo de esta tarea fue la Oficina de Investigación de Prácticas Corruptas, fundada por los británicos en 1952 para lidiar con el incremento de la corrupción —especialmente en los niveles bajos y medios de la policía—. Esta dependencia estaba integrada por inspectores ambulantes y alguaciles que debían tomar acciones en contra de quienes rompían la ley tomando los caminos públicos para la venta ambulante ilegal.

"Decidimos concentrarnos en los grandes riesgos y dirigir nuestros esfuerzos a los niveles más altos", dice Lee. Su exitosa estrategia contra la corrupción aplicaba aquel viejo proverbio rumano que dice: "una escalera ha de barrerse empezando de arriba hacia abajo". "Para los peces más pequeños ajustamos los procedimientos y eliminamos la discrecionalidad publicando protocolos claros, incluso sacando permisos o aprobaciones en áreas menos importantes, pero primero nos fuimos por los peces grandes". ¿Y cuántos peces grandes atraparon? Muchos, y de estos hay dos casos emblemáticos en particular que nos demuestran hasta dónde debe llegar este compromiso, si realmente se pretende erradicar las prácticas corruptas.

El primero es el de su ministro de Desarrollo Nacional, Teh Cheang Wan, en 1987. Tras ser acusado de malversar fondos equivalentes a unos 5 millones de pesos de hoy, decidió tomar su propia vida. "Primer ministro: Me he estado sintiendo muy triste y deprimido durante las últimas dos semanas. Me siento responsable por lo ocurrido en este desafortunado incidente y siento que debo asumir toda la responsabilidad. Como un honorable caballero oriental, siento que lo correcto es pagar con la pena más alta por mi equivocación", leía su nota de suicidio. Lee visitó a su familia, dio sus condolencias y regresó a su oficina para terminar su trabajo.

El segundo ejemplo es muy interesante, sobre todo si se contrasta con los recientes casos de posible conflicto de interés en la administración de Enrique Peña Nieto. Me refiero aquí a los de las casas de Las Lomas y la de Malinalco que la empresa llamada Grupo Higa financió y vendió a la esposa y al secretario de Hacienda de nuestro actual presidente. Lee recuenta un incidente en el que su esposa y su hijo recibieron descuentos para la compra de propiedades inmobiliarias. Ante acusaciones de haber usado su influencia para obtener mejores precios, Lee le pidió al nuevo primer ministro que llevara el asunto al Parlamento para una completa discusión, de la cual salió perfectamente bien librado. "Como lo dije en el Parlamento, el hecho de que el sistema pudiera investigar y reportar mi conducta probó que era impersonal y efectivo, y que nadie estaba por sobre la ley".

Otra lección de suma importancia que podemos rescatar del ejemplo de Singapur es la de reducir al mínimo el uso del dinero en los procesos electorales. "Una condición necesaria para un gobierno honesto es que los candidatos no necesiten grandes sumas de dinero para ser elegidos. Habiendo gastado tanto, los ganadores deben recuperar sus costos y, además, levantar recursos para su próxima elección. El sistema se perpetúa a sí mismo", dice Lee en su libro. Y, por ello, en Singapur el dinero no se usa para ganar elecciones. Tienen uno de los costos más bajos de democracia, sin detrimento alguno a sus tasas de participación.

¿Cómo logró desasociar el dinero y la política? Antes de ser primer ministro, como líder de la oposición, Lee logró persuadir al ministro en jefe, Lin Yew Hock, en 1959 para hacer el voto obligatorio y prohibir la práctica de usar autos para llevar a los votantes a las urnas —algo que en México conocemos como "acarreo de votantes"—. Los comunistas lo aceptaron. Después de ganar el poder, limpiaron por completo los intereses, regalos y dependencias financieras de la política. Lee recuerda: "nuestros gastos de campaña eran bajos, incluso menores a lo que permitía la ley. No había necesidad en el partido de recuperar sus arcas luego de las elecciones, y entre elecciones no había regalos para los votantes".

Al final, Singapur terminó siendo un referente de nación donde prevalece el famoso Estado de derecho. "La ley y el orden proveen el marco para la estabilidad y el desarrollo" es una de las frases más citadas del ahora fallecido líder asiático. Como abogado, como liberal y como demócrata, Lee entendía perfectamente cómo el principio de equidad ante la ley para todos era esencial para el correcto funcionamiento de la sociedad. Algo que nos recuerda a Jefferson y a Juárez, que al igual que Lee Kuan Yew, comparten el título de "padre y fundador" de sus respectivos países. Pero más importante, tal vez, es que Singapur brilla como un ferviente ejemplo de cómo la cultura del mérito, a través de una meritocracia pública, sí puede eliminar los privilegios y los vicios del poder.

Un gobierno "base cero"

Volviendo a México, debemos reconocer que la atomización del poder político ha generado un verdadero desorden nacional. Con instituciones vulneradas y secuestradas, con una prevaleciente cultura del privilegio y con la corrupción como pilar fundamental del sistema el país se hace cada vez menos gobernable. Estamos cayendo hasta el fondo. Denise Dresser, con su envidiable prosa, lo describe perfectamente: "México ha transitado del predominio priista a la democracia dividida; del presidencialismo omnipotente a la presidencia incompetente; del país sin libertades al país que no sabe qué hacer con ellas". Estando tan lejos de la utopía democrática que nos decidimos a perseguir; de la república representativa que deberíamos de haber sido; del sistema igualitario y justo que nos prometió la Revolución, ¿en quién podemos confiar para salir adelante? ¿A quién podemos seguir? No sabemos, pero empecemos por a quién no seguir: a los presidentes.

"Cuatro décadas de observar a ocho presidencias me han hecho concluir que cuando un presidente se sienta en la silla y, sobre todo, cuando consolida su poder, siente que el mundo le debe la vida", narra Luis Rubio, uno de los más respetados intelectuales de nuestro país. Para el reconocido columnista del diario *Reforma*, desde finales de la década de los ochenta, el destino de nuestro país ha dependido en gran medida de la capacidad de operación política de quienes han ocupado la presidencia. "Cada uno de ellos creyeron que sus proyectos perdurarían", comenta Rubio, quien seguramente habla con conocimiento de causa cuando se refiere a los presidentes que creyeron que serían recordados como unos de los grandes constructores de la patria, como los libertadores, como Juárez.

Quien también dirige el Centro de Investigación para el Desarrollo, A.C., dice que México vive en la llamada "zona gris de la democracia", caracterizada, a su vez, por el politólogo Thomas Carothers de la siguiente manera: "Amplias libertades políticas, elecciones regulares y alternancia en el poder entre grupos políticos genuinamente distinguibles; sin embargo, a pesar de estas características positivas, la democracia es poco profunda, superficial y turbulenta. La participación política, aunque amplia en momentos electorales, no trasciende al voto. Las élites políticas de todos los partidos son ampliamente percibidas como corruptas, concentradas exclusivamente en sus propios intereses y poco efectivas. La alternancia en el poder parece que no hace más que transferir los problemas nacionales de un desventurado lugar a otro. La competencia política se lleva a cabo entre partidos muy arraigados que operan redes clientelistas y nunca parecen renovarse".

Es evidente la razón por la cual el experimentado analista incluye la cita anterior en su más reciente libro, *Una utopía mexicana: el Estado de derecho es posible.* Carothers hace un diagnóstico que parece describir perfectamente la situación que vivimos en México. ¿Y cuál es la receta del experto en democracia? Afrontar la triste realidad: no se puede tener media democracia. Como dice Rubio, entre el fortalecimiento de la partidocracia, la creciente distancia de la élite con su pueblo y los recientes retrocesos en las instituciones políticas, México vive en una especie de esquizofrenia. En el discurso vamos caminando hacia la democracia; en los hechos vamos para atrás. Esto presenta una decisión muy simple: "restablecemos los mecanismos de control de antaño o construimos una nueva estructura política", dice Rubio.

En resumen, sí vivimos un momento excepcional e histórico, como dice Del Toro. Hoy ya no podemos seguir creyendo que estamos en una especie de transición. Hoy ya no podemos aceptar la idea de que seguir a nuestra élite actual nos llevará a buen puerto. Hoy estamos en un punto de inflexión, en una especie de limbo. Pero hay una buena noticia: hoy estamos tan mal, pero tan mal, que finalmente como país, como sociedad, estamos abiertos a más opciones, a más ideas, a nuevas y mejores formas de liderazgo. Hoy tenemos la oportunidad de proponer un nuevo "sueño mexicano", un nuevo concepto en la relación de gobierno y ciudadanos.

Hoy podemos empezar, como lo tendrá que hacer la Secretaría de Hacienda con el presupuesto federal, con "base cero". Hoy podemos reinventar a México.

"La sociedad mexicana se encuentra en un momento óptimo para que un gran liderazgo conduzca hacia una gran transformación", escribió Rubio en su reciente obra. Y no es el único que piensa así. Una agrupación política de jóvenes izquierdistas llamada Democracia Deliberada ha lanzado una propuesta similar: "se requieren nuevos liderazgos políticos sin compromisos con los involucrados cuyo mandato incluya, como primer acto, tomar medidas radicales contra la corrupción. Medidas sistemáticas, caiga quien caiga, sin distinciones políticas. Ese sería un primer paso en el camino para reconstruir nuestras instituciones democráticas". Esto suena muy parecido al proyecto que Lee Kuan Yew comenzó en 1959. Eso es lo que necesitamos para cambiar el rumbo de nuestro país. ¿Y qué tendría que hacer este nuevo liderazgo para transformar a México? ¿Qué le debemos dar como encomienda?

Aquí planteo otro punto central de este libro: la transformación nacional, el reemplazo de la cultura del privilegio con la del mérito debe comenzar con el gobierno. ¿Por qué? Porque hay que empezar con lo más difícil. ¿Qué es lo fundamental, lo básico que un gobierno debe hacer bien? De acuerdo, nuevamente, al politólogo estadounidense Francis Fukuyama, hay tres instituciones básicas que necesitamos para que funcione la democracia, la sociedad y la economía. Primero, una administración confiable de los servicios y bienes públicos. Segundo, un sistema legal, también confiable e imparcial, que nos proteja a todos. ¿Vamos bien, no? Tercero, un sistema de rendición de cuentas que permita que la ciudadanía esté contenta con las condiciones de vida, con las decisiones del gobierno y con la forma en que se abordan los problemas sociales. ¿Eso es todo? "Sí, esto basta para tener el gobierno que merecemos", dicen.

Construyendo el gobierno de nosotros

Este año 2015 ocurrirá algo insólito y, quizás, esperanzador. Por primera vez, desde 1930, candidatos independientes podrán participar en las elecciones intermedias. Ciudadanos organizados podrán optar por competir, de igual a igual, para liderar una alcaldía, una de las jefaturas delegacionales o alguna diputación local o federal. Bueno, lo de "igual a igual" es un decir porque no todo es tan lindo como suena. Los candidatos y candidatas que finalmente hayan logrado registrarse deberán lidiar con la falta de recursos, que de por sí los deja varios peldaños atrás, además de las ya superadas restricciones a las que fueron sometidos.

En 2015, los diez partidos políticos cuentan, en su conjunto, con un presupuesto de $5,356 millones de pesos aprobados por el Instituto Nacional Electoral (INE) para actividades permanentes ordinarias, gastos de campaña y actividades específicas. De este monto, el PRI cuenta con $1,376 millones, el PAN con $1,158 millones y el PRD con $886 millones. Apenas el 12 de marzo de 2015, a poco más de un mes del inicio de las campañas, el Consejo General del INE aprobó $23.4 millones de pesos que serán repartidos entre los candidatos independientes. Considerando dichas cantidades, estos necesariamente deberán recurrir a sus recursos personales si es que desean tener, siquiera, una mínima oportunidad frente a los candidatos de partido; una tarea titánica de conseguir. El principal impacto de esto, entre otras cosas, es la desigual presencia en medios de comunicación y espacios de publicidad, que todos sabemos es pieza fundamental en cualquier campaña política.

Por si eso fuera poco, los candidatos independientes se enfrentan a otras tareas que consumen tiempo, dinero y esfuerzo y de las que los candidatos de partido se ven librados. Por ejemplo, han debido recolectar firmas, y las copias de las credenciales de elector correspondientes, para inscribir sus candidaturas y por supuesto que los partidos no. Además, en solo 30 días se esperaba que reunieran el 2% de la lista nominal de la demarcación para competir y de los candidatos locales de los partidos se esperaba solo el 0.2% en el doble de tiempo. La hazaña no es menor, sobre todo si consideramos que los plazos para hacer esta búsqueda de firmas eran bastante ambiguos en la ley electoral, y no fue sino hasta 2015 que se definieron los procedimientos y tiempos. Y por si estas dificultades fueran pocas, se establece para ellos un orden de prelación en caso de presentarse dos candidatos independientes al mismo cargo. Esto quiere decir que solo el primero en cumplir con los requisitos podrá competir por el puesto en cuestión.

A pesar de todos los obstáculos en esta larga travesía, finalmente lograron pasar todas las etapas y cumplir con todos los requisitos 48 candidatos independientes. Si bien es un número menor en relación a los 2 mil 159 cargos públicos que están en juego en los comicios del 7 de junio de 2015, tanto a nivel federal como en las 17 entidades con elecciones locales, esta es una ventana de oportunidad que se debe aprovechar. El sistema claramente está diseñado para minimizar el registro de candidatos independientes y para que a aquellos que lo logren les sea muy difícil competir. Todo lo contrario a lo que una sociedad meritocrática debe aspirar. Pero no nos desanimemos, podemos fácilmente ganar una batalla más para la cultura del mérito, para *nosotros*.

"Es un momento histórico para Nuevo León, porque podemos tener ya candidatos independientes y me honra decir que soy la primera en registrarme: sin embargo, vienen muchos más y esto es una fiesta ciudadana, un logro ciudadano que debemos todos aplaudir porque finalmente los candidatos independientes vienen a oxigenar la democracia de este país", dijo Lorenia Canavati, candidata independiente para la alcaldía del municipio de San Pedro, en Nuevo León. Me sumo al entusiasmo, pero quisiera acotarlo con una pequeña aclaración. La desvinculación entre estos candidatos y los partidos políticos les permite conducirse de una forma distinta, —podríamos decir más responsable y responsiva—, y de ahí la trascendencia del término "independiente". Pero este beneficio potencial para la sociedad, que además le quita poder a nuestro enemigo en común —la partidocracia—, no debería ser nuestra única razón para elegir a un candidato independiente. Debemos comenzar esta nueva experiencia democrática, la posibilidad de elegir ciudadanos comunes para representarnos en puestos públicos, con el pie derecho. Por ello considero que esta fiesta ciudadana merece una buena dosis de seriedad —debemos evaluar, conocer, exigir que estos candidatos demuestren sus méritos—, pues esta experiencia sentará un enorme precedente para el futuro de nuestro país.

La primera pregunta que debemos hacernos sobre estos candidatos es por qué están ahí, por qué buscan ingresar al servicio público. "¿Realmente eres honorable?", preguntaría Ariel. Un caso muy interesante se está desenvolviendo en Morelia mientras termino este texto. En noviembre de 2014, después de 20 años de militancia en el PAN y siendo diputado de representación proporcional por el partido en Michoacán, Alfonso Martínez renunció denunciando: "Alzo la voz y me sumo a todas aquellas voces de exmilitantes que, buscando honrar la memoria de los fundadores, han dejado el partido por falta de confianza en la dirección de esta institución, que hoy no responde más a los intereses de la mayoría". Al salir del PAN, Alfonso se convirtió en diputado independiente. Después, en marzo de 2015, pidió licencia para contender como candidato independiente a la alcaldía de Morelia, Michoacán, en las elecciones intermedias de 2015 a través de la asociación civil Todos por Morelia. Logró recolectar más del 2% de firmas del listado nominal para obtener su registro en el Instituto Electoral de Michoacán (IEM) y avalar su candidatura según el título segundo sobre candidaturas independientes del Código Electoral del estado de Michoacán. Aunque inicialmente su candidatura fue anulada por el Tribunal Electoral del Poder Judicial de la Federación por unanimidad, tras una serie de impugnaciones finalmente fue admitida.

El caso de Alfonso abre las puertas a varios cuestionamientos. Por un lado, su salida del PAN se debió fundamentalmente a la falta de apoyo que tuvo para ser candidato por la presidencia municipal de Morelia. Por el otro, su discurso al salir del PAN señalaba un distanciamiento moral e ideológico con el partido. Por lo tanto, su subsecuente postulación como candidato ciudadano puede tener dos explicaciones: la primera es atribuible a una verdadera diferencia de principios y valores políticos entre el PAN y Alfonso; en específico, que el PAN no responde más a los intereses de la mayoría, o sea de la sociedad michoacana o hasta mexicana. La otra, la menos romántica, es que su salida del PAN se debía simplemente a que este partido no lo apoyó en su candidatura. Lo que es cierto es que la pregunta que todos nos hacemos es: ¿serán los nuevos candidatos independientes en México simplemente aquellos miembros partidistas que no fueron suficientemente apoyados por sus propios partidos?

En Michoacán, de los 12 aspirantes que alcanzaron el respaldo ciudadano suficiente, la mitad salió de las filas partidistas. ¿El distanciamiento de estos candidatos entonces surge de una disonancia moral o de que estos candidatos independientes no encontraron una vía partidista para postularse? El PRI y Movimiento Ciudadano ya habían manifestado interés en apoyar a Alfonso en su candidatura para presidente municipal en Morelia si la vía independiente se le cerraba del todo. Sin embargo, él decidió no tomar ese camino. Entonces surge otra pregunta: ¿debemos entender que al no optar por ser candidato con otros partidos políticos su decisión tiene más valor? ¿Más mérito? Falta aún analizar el comportamiento político de aquellos candidatos independientes que logren obtener un puesto de servicio público. ¿Qué alianzas formarán? ¿Actuarán por convicción propia o se adaptarán al grupo de poder que más influencia política prometa? Como diputado, Alfonso se caracterizó por promover la participación ciudadana en iniciativas de seguridad, por ejemplo. Entonces podríamos esperar que, si logra ganar las elecciones y si se guía por convicciones propias, Morelia se convertiría en una importante incubadora de proyectos de participación ciudadana en México. Lo importante es que no quitemos el dedo del renglón.

Por otro lado, el problema que se presenta cuando un servidor público independiente no cumple con las expectativas es que en ese caso no contamos con el "castigo ciudadano" de no votar por el partido político al que representa —ya que por definición no está afiliado a ninguno de ellos—. Es decir, el retirar el apoyo al partido desaparece como mecanismo de regulación. La rendición de cuentas se vuelve difícil puesto que, de todas formas, la reelección de presidentes municipales y gobernadores no está estipulada en la Constitución y, por lo tanto, se elimina el costo de oportunidad para los candidatos sin afiliaciones.

El caso opuesto al de Alfonso en Morelia lo está escribiendo con enorme torpeza el partido de Andrés Manuel López Obrador en un intento desorganizado y mal concebido para ciudadanizar a su partido, Morena. Un caso en particular que llamó mucho la atención fue el uso de una tómbola para, literalmente, rifar candidaturas entre sus militantes. La elección de un ciudadano como candidato dentro de la estructura de un partido, por un lado, ahorra todos los dolores de cabeza que personas como Lorenia y Alfonso enfrentaron. Y, además, puede generar problemas mayores, pues, como hemos dicho antes, todos los partidos políticos son parte de este mal, incluyendo aquellos que se presentan este año con una nueva cara ciudadana.

El ejemplo más conocido de esta problemática reciente involucra a un joven de nombre Glen Villarreal Zambrano, que fue elegido como candidato único para el Distrito 11 de San Nicolás de los Garza, Nuevo León, y que expuso al partido de López Obrador en un video que se hizo viral. El joven denunciaba que Rogelio González, presidente estatal de Morena, lo citó en su oficina y le exigió que dejara la candidatura porque tenía en mente a otra persona para su distrito. Incluso después de ver su propio nombre en la lista oficial de candidatos de Morena, lo citaron pocas semanas después en la sede del partido en Nuevo León para reunirse con la diputada federal Luisa María Alcalde —no ajena al nepotismo— y donde hicieron renunciar a más candidatos ciudadanos con varias excusas para entregar las candidaturas a "compadres" de González. Los estatutos de Morena dictan que para que alguien sea dado de baja del resolutivo tiene que cometer una falta grave contra el partido; "con este video les doy finalmente el motivo", concluye Glen antes de renunciar a su sueño.

En conclusión, tanto para restarle poder a la partidocracia como para darle nuestros votos y poder al mérito, las candidaturas independientes, de personas capaces, responsables y comprometidas, pueden ser una excelente opción. Darle un seguimiento especial a cada uno de los 48 candidatos independientes, a sus historias, a sus méritos y, sobre todo, a sus limitaciones debe ser una parte central del trabajo de nuestra agenda ciudadana: #dalepoderalmérito. Estos 48 mexicanos representan hoy la mejor posibilidad de cambio que nuestra democracia ha permitido por la vía electoral. Son una especie de experimento controlado que nos ayudará a entender cómo podemos usar mejor este "remo" para acercarnos a nuestro destino deseado.

CAPÍTULO SIETE

La vacuna progresista

El capitalismo genera automáticamente desigualdades arbitrarias e insostenibles que socavan radicalmente los valores meritocráticos en que se basan las sociedades democráticas.

Thomas Piketty

A mis 35 años de edad tengo la enorme fortuna de haber vivido en distintas ciudades y países. Primero viví en la costa este de los Estados Unidos cuando era estudiante, un paraíso intelectual que concentra algunas de las mejores universidades del mundo. Las ciudades de Boston y Nueva York, por ejemplo, concentran más personas con premios Nobel que el resto del planeta. Después, ya entrado en mi vida profesional, pasé casi tres años en Ginebra, Suiza. La cuna de Jean-Jaques Rousseau —el filósofo que propuso la idea del contrato social—, y famosa por sus ferias —de los inventores, del automóvil, del libro—, Ginebra es también la sede de importantes organismos internacionales y el epicentro del derecho internacional moderno. En años recientes también he pasado mucho tiempo en Singapur y, aunque nunca he vivido formalmente ahí, esa dinámica y tranquila ciudad-país suscitó mi interés en algunos de los temas que abordo en este libro. Finalmente, también he vivido en el Reino Unido —en Londres, para ser exacto— y he aprendido mucho sobre su sistema democrático y social.

La experiencia de pasar tiempo afuera de mi país me ha demostrado, en carne propia, que tener una sociedad distinta es posible. Y es que cuando uno se sumerge realmente en la cotidianidad de convivir y formar parte de estos países es fácil darse cuenta de que no hay nada distinto realmente entre su gente y la nuestra. Los suizos serán muy disciplinados, pero no son infalibles como piensan muchos. Son humanos igual que nosotros, los mexicanos y, en realidad, muchos de los que conocí tenían padres de países como España, Portugal y Rumania. En la actualidad, en Singapur jamás permitirían que alguien se "cuele" en una fila o que tire basura en la calle, pero no siempre fueron así. Lo que hoy consideramos rasgos culturales de esa sociedad es, en realidad, un conjunto de hábitos y valores que han ido adoptando en tiempos muy recientes. De nuestros vecinos al norte he aprendido mucho también, pues a pesar de sus muchas fallas y fracasos todavía sobresale un enorme apego a ciertas ideas que, como dijimos anteriormente, son las mismas que fundaron nuestra patria. *"That all men are created equal"*, dicen por allá.

¿Qué podría aprender México de estas sociedades? En primera instancia, creo que todos estos países, cada uno con sus matices y circunstancias particulares, han logrado combinar la prosperidad económica y la justicia social mejor que lo que hemos logrado en México. Estos países han entendido que la desigualdad social solo puede reducirse bajo condiciones de crecimiento económico —un punto que ha sido reiterado y asumido por la gran mayoría de sus ciudadanos, lo que genera mayor armonía y paz social—. Estas sociedades también entienden que el crecimiento en un mundo globalizado requiere de una mano de obra educada, lo que convierte a la educación en la clave para conseguir una sociedad rica y justa. En el centro de este esquema tripartito se encuentra la famosa meritocracia, que establece un sistema social en el que los beneficios económicos y el reconocimiento público se distribuyen de acuerdo al mérito. La meritocracia centrada en la educación ofrece los medios por los cuales el círculo de la prosperidad y justicia se elevan al cuadrado. La idea general, en pocas palabras, es que la educación y el esfuerzo se recompensan con mayores ingresos, mismos que a su vez crean riqueza y dicha riqueza crea las condiciones para la justicia social.

Pero, ¿realmente funciona esta fórmula? Sí, pero no es un cheque en blanco. Como veremos, la experiencia de Inglaterra es altamente relevante en este contexto. Recordemos nuestro segundo capítulo, donde repasamos que, aunque el creador del concepto, Michael Young, estaba a favor de terminar con las antiguas inequidades sociales provenientes de la vieja aristocracia británica, también era consciente de que la aplicación rígida de los ideales meritocráticos podían llevar a un nuevo sistema de clases. Y, en realidad, muchas sociedades occidentales se han movido en esa dirección. Por un lado, resulta innegable que muchas instituciones —las universidades, las empresas y el gobierno— se beneficiaron del sistema. En muchos países occidentales se ha comprobado que la meritocracia aumenta la competencia del talento humano, expande el liderazgo político e incrementa la productividad económica. Sin embargo, en muchos de ellos la meritocracia se convirtió en una nueva herramienta del proceso de ratificación social de la élite: una recompensa por pertenecer a la familia correcta, haber estudiado en el lugar correcto o haberse hecho de las amistades correctas.

Pero esto no quiere decir que por ello México deba darle la espalda al reconocimiento del mérito como herramienta de movilidad social y de selección de nuestros líderes. Tampoco debemos esperar la eliminación completa de nuestra élite ni su sustitución por formas más radicales de democracia directa. Para México y, en sí, para cualquier país que se considere una república democrática y representativa, la decisión de responsabilizar a un grupo selecto de personas con las tareas de gobierno es una consecuencia natural del sistema que hemos elegido. Lo mejor que podemos y debemos hacer es replantear el conjunto de criterios que utilizamos para seleccionar a estas personas y buscar la manera de *vacunar* al sistema meritocrático antes de que se infecte con estos vicios y males que hemos descrito antes. La construcción de una nueva sociedad basada en la cultura del mérito es una tarea posible —y deseable— para sacar adelante a nuestra incipiente democracia de mercado, pero una que no está exenta de riesgos.

Mérito y desigualdad

Cuando una persona desarrolla una idea, de cualquier naturaleza, y logra plantear las oportunidades y los retos que su implementación conlleva se le llama visionaria. Pocos visionarios pueden realmente tejer una sólida visión del futuro, y menos son los que se atreven a plantear la construcción de un nuevo pacto social para un país entero con base en sus ideas. En la historia del mundo, son contados los casos de líderes que además de tener una visión de este tipo pudieron implementarla, llevarla a la realidad. Y, finalmente, podemos decir que hay solo un puñado de líderes en la historia que tuvieron la experiencia de ver un verdadero cambio en la realidad de sus compatriotas surgido a partir de su propia visión. Uno de ellos fue Lee Kuan-Yew —de quien ya se escribió extensamente en este libro—, quien impulsó la cultura del mérito para cambiar a Singapur. El segundo, de cuyo legado hablaremos un poco más en este capítulo, fue Franklin D. Roosevelt, elegido como presidente de los Estados Unidos en 1933 y creador de un nuevo pacto social en su país. Y el tercero, a quien ya conocen, es Michael Young, quien falleció en 2002.

Como dijimos anteriormente, un par de décadas después del enorme éxito que suscitó la idea de la meritocracia, un desilusionado Michael Young tuvo que presenciar cómo los conservadores en su país, con un discurso neoliberal, le dieron vuelo a esta noción más allá de cualquier pretensión original. En poco tiempo, la meritocracia se convirtió en la vitamina E del nuevo sistema que emergía en los años ochenta en Inglaterra, de la mano del libre mercado, la privatización y la desregulación. Para Young, de acuerdo a sus últimas entrevistas, la meritocracia inevitablemente se convirtió en una nueva manera de perpetuar desigualdades y privilegios. Con certera visión, este afamado sociólogo inglés estimó que, debido a la manera inadecuada en que se había adoptado la idea de meritocracia en Inglaterra, las diferencias salariales se dispararían, pasando los directores de empresas de ganar 20 veces más que el grueso de los trabajadores del país en 1960, a ganar 500 veces más en el año 2000. Su predicción no fue correcta en los tiempos, pero sí en la trayectoria. De acuerdo a *Bloomberg*, la relación de salarios de los *CEO*s de empresas en el Reino Unido contra los salarios de los trabajadores de menor paga, pasó de 42-a-1 en 1980, a 120-a-1 en el año 2000 y a 204-a-1 en el año 2014. En los Estados Unidos, para efectos comparativos, un director de empresa hoy gana 1,800 veces lo que gana un empleado de bajo nivel.

En este sentido, y mucho antes de que lo hiciera el economista francés Thomas Piketty —cuyo texto reciente *El capital en el siglo XXI* se ha convertido en un referente inmediato para hablar sobre desigualdad—, Michael Young ya había entendido que una sociedad que reconoce y promueve el mérito como la base de la movilidad social no es necesariamente, ni automáticamente, una sociedad justa. En un sistema capitalista, como describe Piketty en el epígrafe que seleccionamos para el inicio de este capítulo, estos valores meritocráticos son una condición necesaria, pero no suficiente, para la construcción de un orden democrático y justo. Y aunque la meritocracia sí puede usarse para, como en el caso de Singapur, construir el "gobierno de los mejores", no es un sistema que por sí mismo reduce —ni mucho menos elimina— los niveles de pobreza o desigualdad, sino que solamente redistribuye las probabilidades de estar en el grupo más aventajado. "¿Que pensaría Michael Young del libro de Piketty?", me he preguntado en estos meses.

Hace unas semanas, en una hermosa tarde soleada en el parque de Bethnal Green, ubicado en el este de Londres, logré obtener una buena parte de la respuesta a mi pregunta. No, no me encontré al fantasma de Michael Young, pero sí conocí a una especie de médium de su espíritu. Durante varias horas, tuve el placer de conversar con Simon Willis, un hombre de gran experiencia y convicción social y director de la Fundación Young, el centro de estudios fundado por el mismo Michael. Empecé preguntándole si era verdad que Young le dio la espalda a su propio concepto por su preocupación de que generaría mayor desigualdad.

—Yo he argumentado muchas veces que Michael Young estaba obsesionado con la desigualdad, esto está claro en el libro. Michael pensaba que los meritócratas eran personas muy peligrosas —dijo Willis, mientras caminábamos alrededor del histórico parque llamado "el rincón feliz" en tiempos victorianos.

—¿Pero acaso no crees que la adopción de la meritocracia trajo beneficios a la sociedad británica? ¿No están mejor que antes de su promoción? —le pregunté tratando de invocar al viejo Young. Willis tomó una larga pausa, prendió un cigarro y siguió caminando.

—Claro que sí, en ese sentido la meritocracia ha sido para Inglaterra, como decía Churchill sobre la democracia: el peor sistema, exceptuando todos los otros que se han intentado de vez en cuando. Pero la diferencia entre la aristocracia y la meritocracia es que al menos para los aristócratas era claro que su condición hereditaria tenía un factor de suerte; los meritócratas piensan erróneamente que todo su poder, su dinero y su éxito se deben a su propia brillantez individual y a su esfuerzo.

—¿Entonces Young nunca aceptó que pudieran existir sociedades donde sí funcione la meritocracia? —insistí.

Willis recordó entonces otra de las últimas entrevistas que Young dio a la BBC en la que habló sobre países como Suecia, Dinamarca, Finlandia y Alemania, los que consideraba los más meritocráticos. Pero su observación sobre estos sería similar, me dijo el australiano mientras prendía un segundo cigarro, pues en esos casos la meritocracia por sí misma no generó la igualdad: fue más bien la capacidad de esos países de redistribuir eficientemente los impuestos, sin grandes problemas de corrupción y con buenos retornos sociales. Y es que además de la desigualdad que puede generar, otro de los retos para construir nuestra sociedad del mérito es la definición de qué atributos personales se consideran valiosos para ella. Al combinar el talento, el conocimiento y el esfuerzo se pueden generar consecuencias socialmente positivas, pero estas necesariamente tienen que ser medidas en relación a un cierto estándar, considerando las prioridades del momento. La dificultad en premiar el mérito de esta manera yace en que la sociedad debe constantemente preguntarse quién merece qué y por qué razones. En este sentido, la cultura del mérito y sus recompensas dependen de un orden social de mayor dimensión.

"El punto más importante es que para Young lo contrario de la desigualdad no era la igualdad, sino la fraternidad. Lo contrario a la desigualdad es tener un sentido de comunidad y de cooperación", me dijo, puntualizando que la palabra fraternidad en sí podría tener sus propias connotaciones negativas. "¿Y qué palabra está exenta de malinterpretaciones?", pensé, pero no le dije. Lo que realmente quería decir Willis, o en su caso Young, es que una sociedad justa no es necesariamente la más capaz en recompensar a los talentosos y a los fuertes, sino la que sabe también cuidar de los más débiles. La meritocracia, implementada de manera rigurosa y obtusa, no deja mucho espacio para los "perdedores" del juego, aunque la cancha se haya nivelado anteriormente. Esto nos llevó al tema fundamental, al epicentro de la meritocracia moderna en los países que la han tomado en serio: la educación.

"Después de todo, la noción de mérito se ha reducido a ser una vara de medición al nivel educativo y no de la forma de vida o del nivel ético de las personas", me comentó, recordándonos algo que hemos argumentado ya en capítulos anteriores. "Y cuando nos ponemos a medir los beneficios y los costos de la noción de una meritocracia, se hace evidente que representa menos una descripción empírica de la sociedad avanzada que una prescripción política para esas sociedades", dijo para concluir nuestra amena charla.

En todos los países que se han abocado a la meritocracia hoy en día comienzan a aparecer algunos signos preocupantes de que, en lugar de una población bien educada, que cimienta la vanguardia de los productores de la nación, se está formando una nueva élite basada en la transferencia y adquisición de capital cultural obtenido "jugando el sistema educativo". Incluso en nuestro país, sin que haya gozado nunca de una meritocracia plena, las universidades públicas y privadas parecen cada vez menos capaces de proveer las condiciones con las cuales los jóvenes mexicanos puedan florecer intelectualmente. En lugar de eso, estas instituciones se han convertido en una nueva fuente de inequidades sociales donde las calificaciones reemplazan a las antiguas distinciones de clase entre los que tienen y los que no. Pero quizás la evidencia más impactante es que en los últimos 30 años en el país, más hijos de profesionales de clase media han estado ingresado a la educación superior que aquellos que provienen de padres sin estudios.

En otras palabras —como a continuación nos cuenta Baltazar Villalobos sobre su experiencia en el ITAM— existen fuertes tendencias que van en contra del principio de la meritocracia que se están gestando precisamente en el lugar mismo donde el sistema debería anclarse: en la educación superior.

El sueño de Baltazar

Baltazar Villalobos
"El sueño de 'mover a México' desde el ITAM"
Milenio, marzo de 2015

Durante la segunda mitad de los años ochenta tuve la oportunidad de estudiar en un instituto de élite en el más amplio sentido de la palabra: el Instituto Tecnológico Autónomo de México. Fundado a mediados del siglo pasado, en 1946, tenía, 40 años después, una matrícula que a nivel licenciatura rebasaba por poco los tres mil alumnos: una universidad pequeña, diríase que familiar, que favorecía que los miembros de unas y otras generaciones, abajo, arriba, se conocieran, compartieran asignaturas, polemizaran, convivieran.

Pertenecí a distintos grupos estudiantiles y participé en las planillas para formar parte del consejo de alumnos; eran los inicios de cada uno de nosotros, de la lucha por una representación escolar, la gestación de relaciones —como las de cualquier otra universidad— que más adelante traerían sus frutos laborales, políticos, sociales.

Me formé con diversos pensamientos, opiniones, debates públicos y escritos con personas que desde entonces tenían en la mira escalar posiciones en el servicio público. Había grupos identificados plenamente con corrientes políticas pero, independientemente de ello, hubo siempre camaradería. En mi entorno desfilaron amigos, conocidos y contrincantes en ideales, en su gran mayoría gente a la que se le suele llamar, por su inteligencia, "brillante"; una élite preparada, formada, educada, que ha ocupado cargos desde ministerios extranjeros, direcciones y jefaturas en paraestatales mexicanas, así como puestos de primer nivel en la administración pública. Aquel era un grupo de personas que, recuerdo, "quería mover a México", cuando ese lema no se había hecho retórico y vacío: de ello se encargó este gobierno.

Destacaban de aquella generación, que es la mía, las ideas, la búsqueda de identidad, los propósitos de cambio: había materia gris, creatividad, inteligencia; había poder adquisitivo, había capacidad intelectual. Había, en otras palabras, economistas, administradores, abogados, politólogos de los mejores que he conocido. Había también quien creía, como un amigo declaraba convencido, que nosotros teníamos "que ser una generación que redima a México".

Cuatro o cinco años pasan rápido, pero marcan mucho. Algunos de aquellos compañeros, varios, fueron a estudiar al extranjero. México les pagó algunas de sus becas para "formarse mejor", para conseguir aquel objetivo y propósito final: "redimir a México", "moverlo". Obtuvieron grados académicos, maestrías, doctorados en prestigiadas universidades estadounidenses y británicas. Todos hablaban inglés y se codeaban ya con el poder en ciernes.

Cinco lustros después, en el servicio público hay directores, senadores y secretarios de Estado de los tres principales partidos políticos. Desfilan por ahí los Cordero, los Videgaray, los Andrade, los Ríos Piter, los Flores Ramírez, los Meade, los Ugalde, los Lozoya. Y es ahora que los nombro que me vienen las preguntas sin respuesta: ¿es la vida, es la realidad, el desengaño, el egoísmo, el individualismo o el poder y el sistema lo que se los comió a todos ellos, que tenían sueños, creí percibir, genuinos?

No veo ni noto los vientos de cambio que deseábamos renovar en aquel entonces; no percibo ánimos de servicio público nato en vidas personales que contrastan con el esfuerzo de la gran mayoría de la población para hacerse de un bien inmueble, de un patrimonio. No comprendo qué fue todo lo que la experiencia de vivir y estudiar en el extranjero les dejó a aquellas mentes destacadas, cuyas miras, hoy, es claro, se han reducido tristemente, se han encogido, se han empobrecido, en busca solo de intereses personales o de partido, tragados por una cultura que fomenta cada vez más la competencia individual. Nos convertimos, y esta vez me incluyo, en un remedo de nuestros distintos idearios, objetivos y pensamientos de juventud universitaria.

¿En qué país creen que viven esos antiguos compañeros?, me pregunto seguido. Me lo pregunto porque el mío, que es el de la mayoría, es muy distinto al suyo. Pareciera que las diferencias y el poder con el que juegan a oponerse públicamente no fuera sino su fórmula para protegerse en privado: han sido incapaces de romper la inercia de un país que maneja la opacidad en lugar de la transparencia en la rendición de cuentas. Es entonces que quizá cobra sentido la ominosa declaración del jefe de varios de ellos de que la corrupción es cultural.

Ninguno de nosotros, y tengo que incluirme nuevamente, ha sido capaz de recuperar la crítica y la autocrítica que entonces nos definía: el cambio no ocurrió. La juventud es una enfermedad que se cura con los años, dicen. Tristes años.

¿Cómo se construye la sociedad del mérito?

Volvamos al inicio de este libro y recordemos que la gran promesa con la que se vendió en México el modelo actual —el del capitalismo abierto y la organización democrática del Estado—, era precisamente la de una mejor calidad de vida para todos. En otras palabras, nos quedaron a deber la famosa promesa utilitaria de incrementar las oportunidades para una mayoría y no solo para un segmento mínimo de la población. "El mayor bienestar para el mayor número de personas", decía Jeremy Bentham, un referente filosófico del mercado libre. Pero en algún momento el sueño del capitalismo democrático en México se perdió, la promesa del avance personal dejó de cumplirse y la desigualdad tomó su lugar. ¿Por qué? Simplemente porque a la receta del modelo capitalista y democrático le comenzó a faltar el tercer ingrediente fundamental: la meritocracia. Sin este sistema que premia según la capacidad y el rendimiento de cada persona, la receta simplemente no funciona, no cuaja.

En su ausencia, la movilidad social en México se ha convertido en un juego de suma cero, basado en la exclusividad y en la jerarquía, pero no en el mérito. Por un lado, es cierto que hemos evidenciado un creciente acceso de personas provenientes de todo tipo de contextos a los más altos puestos en los sectores público, privado y social. La sociedad del privilegio se ha beneficiado económica y políticamente en estos años. Y esto ha generado una enorme distancia económica, social y cultural entre *ellos* y el resto de la sociedad mexicana. Y aquí volvemos al inicio de nuevo: mientras el nepotismo, el amiguismo, el compadrazgo —todos enemigos de la meritocracia—, sigan siendo las características comunes de nuestro sistema educativo, la capacidad de nuestra sociedad de encontrar gente con mérito será inferior a la deseada, a la necesaria. Por ello, lo que Baltazar Villalobos percibe como una pobre vocación de servicio público entre sus excompañeros del ITAM —quienes además se protegen unos a otros sin importar diferencias de partidos políticos— es, en realidad, una falla en el sistema meritocrático.

Como ya he mencionado, no es posible establecer una cultura del mérito si no tenemos un sistema educativo que premie el esfuerzo, la calidad del proceso y los aprendizajes y el rigor moral. Pero al igual que Singapur logró resolver el reto de inyectarle mérito al servicio público, también existen sistemas que han respondido de manera positiva a este reto, demostrando que es posible crear una sociedad donde el mérito tenga un rol central en la educación. Estados Unidos es un ejemplo de esto. Hace ya varias décadas, Franklin D. Roosevelt estableció un nuevo pacto social que permitió prosperidad y seguridad económica a un país que se encontraba en un escenario sumamente adverso. Este pacto descansaba en tres pilares: la capacidad de encontrar un trabajo que pagara lo suficiente para mantener una familia y ahorrar para emergencias; un paquete de salud y beneficios de jubilación entregados por su empleador; y una red de seguridad del gobierno. Conocidas son las positivas consecuencias sociales de dicho pacto, y fue la clase media estadounidense una de las más beneficiadas. Uno de los mecanismos que Estados Unidos ha utilizado para asegurar la generación y mantenimiento de una clase media que permita la participación social y económica de sus ciudadanos, la promesa de este pacto, ha sido la educación meritocrática.

Como vimos en el segundo capítulo —cuando discutíamos a las dos Nogales—, aún y cuando la meritocracia norteamericana ha resultado en envidiables incrementos en la calidad de vida de sus ciudadanos, es un modelo perfectible. En su influyente libro de campaña, *The Audacity of Hope*, el presidente Barack Obama destaca algunos de los retos que ve en la situación actual de Estados Unidos y diagnostica serios problemas en la concreción del "sueño americano" para muchos de sus compatriotas. Por ejemplo, señala cómo la promesa básica de que, con un trabajo a tiempo completo, las personas deberían de ser capaces de sostenerse financieramente a sí mismas y a sus hijos no está siendo cumplida en el caso de los peldaños inferiores de la economía. Las soluciones que propone en su libro fueron después sus promesas de campaña y guías para su gobierno. Al igual que en los tiempos de Roosevelt, dentro de estas aparece la educación como uno de los medios centrales para consolidar una cultura del mérito y la esperanza.

Según Obama, uno de los elementos centrales para el fortalecimiento de la educación estadounidense es el fortalecimiento de la profesión docente. A su juicio, es fundamental flexibilizar los procesos de acreditación para la enseñanza, de manera que todos los buenos profesionales que estén interesados en enseñar puedan hacerlo sin grandes costos. De esta manera, estos profesores deberían poder ingresar al sistema escolar sin dificultades, emparejando el reclutamiento de nuevos docentes y de aquellos con experiencia para romper su aislamiento. Asimismo, este cambio debería de ir acompañado de mayor control de lo que ocurre en el salón de clases para los profesores que hayan demostrado ser buenos docentes.

Aunado a lo anterior —y quizás lo más esencial de la visión de Obama— se encuentra el aumento de las remuneraciones a los docentes. Si estamos encomendando la importante y difícil tarea de distribuir equitativamente las oportunidades entre los miembros de un país al sistema educativo, resulta fundamental retribuir a los docentes como corresponde. En palabras del actual presidente, "no existe razón alguna para que un profesor efectivo, con experiencia y altamente calificado no deba ganar $100 mil dólares al año en el pico de su carrera". A esto Obama añade un componente de remuneraciones diferenciadas para los docentes que se desempeñan en áreas más críticas, de manera tal que aquellos que enseñan materias como matemáticas o física, o quienes trabajan en las escuelas urbanas más vulnerables, obtengan sueldos aún mayores.

Asimismo, el presidente estadounidense propone que dichos aumentos en las remuneraciones de los docentes deben responder a un riguroso proceso de rendición de cuentas. Si se quiere instalar una cultura del mérito dentro del sistema escolar, es imperante que dichos aumentos salariales vayan en consonancia con mejoras en el desempeño de los mismos. En esa misma línea, los distritos escolares necesitan tener mayor capacidad para deshacerse de los docentes que demuestren no ser efectivos. Como en otras partes del mundo, actualmente existen problemas con la evaluación de desempeño de los docentes de Estados Unidos. Muchos de los profesores se han resistido a la idea del pago por desempeño, en parte porque consideran que este puede ser adjudicado con base en el capricho del director. Además, los sindicatos consideran que la mayoría de los distritos escolares confían únicamente en pruebas estandarizadas para medir el desempeño docente. El problema con utilizar esta herramienta como único barómetro de la labor de los profesores es que los resultados de esas pruebas pueden ser altamente dependientes de factores que van más allá de su control, como la cantidad de estudiantes con bajos ingresos o con necesidades especiales en la sala.

Educar para el mérito

Si aspiramos a tener un país en el que las posiciones de poder sean ocupadas por quienes tienen más mérito, la educación es un mecanismo esencial. Sin un sistema educativo inclusivo que premie valores y principios como el trabajo, el sacrificio y la honestidad, no hay forma de asegurar que todo el que tenga las características necesarias pueda acceder a las posiciones de poder político y económico que conducen el destino de la nación.

Como muchos otros sistemas educativos, el mexicano tiene graves problemas para asegurar la entrega de una educación de calidad a todos los niños y niñas. Un sistema que no siempre premia el esfuerzo y que divide y segrega a los niños y niñas, facilitando una educación para los ricos y otra distinta para los pobres. Un sistema que ha avanzado, que después de muchísimos años ha logrado que la mayoría de los niños mexicanos se inscriba en el primer año de primaria, pero cuyas mejoras van demasiado lento. Como nos muestra Juan Carlos Rulfo en *¡De panzazo!*, de 100 niños que se inscriben para ingresar a la escuela, únicamente 45 se gradúan de secundaria, solo 13 egresan de licenciatura y un par concluyen estudios de posgrado. No se requiere demasiada información para deducir quiénes son los que se salvan de este sistema excluyente y segregado: los hijos de la élite, de las clases más altas. Tenemos un sistema educativo en el que la cultura del privilegio tiene más herederos que la cultura del mérito.

Entonces, ¿qué se puede hacer para que en México se consolide y mantenga una clase media? ¿Hay alguna manera de asegurar que la inteligencia y sabiduría, el rigor ético y moral y, sobre todo, el esfuerzo cotidiano sean premiados por sobre el privilegio heredado? Una respuesta sencilla a esta pregunta pudiese ser la siguiente: una sociedad que aplique los ideales del mérito debería premiar el esfuerzo individual, el trabajo, el sacrificio y la honestidad, de manera de que solo quienes lo merezcan, sin importar su origen o contexto, sean premiados y recompensados. Y, sin embargo, en *The Rise and Rise of Meritocracy*, Jim Ogg nos plantea los riesgos que la aplicación rígida de los ideales meritocráticos pudiesen llevar a un nuevo sistema de clases. ¿A través de qué mecanismos podemos impulsar estos ideales del mérito? Aquí hago una serie de propuestas generales:

1. La importancia de la educación preescolar: establecer un sistema educativo que premie el esfuerzo y el trabajo individual solo tendrá sentido si fortalecemos el primer nivel educativo al que acceden los niños y niñas mexicanos. Como otros países, México ha mejorado sustancialmente la cobertura de educación preescolar. Esto es, sin duda, un primer paso fundamental para asegurar que las oportunidades se distribuyan de manera equitativa entre todos los niños y niñas del país. Sin embargo, asegurar la calidad de este nivel educativo es esencial para establecer un piso con cimientos fuertes sobre los cuales el trabajo y el esfuerzo construyan una cultura del mérito. Junto a lo anterior, es relevante recordar que las ciencias económicas han demostrado que la inversión social en primera infancia es siempre más eficiente y efectiva que en otros períodos de la vida (OECD, 2006).

2. La importancia de la carrera docente: como mencioné anteriormente, un sistema educativo que premie el mérito y el esfuerzo necesita contar con profesores capacitados y bien remunerados. Evidentemente, si no se potencia la cultura del esfuerzo dentro del mismo sistema educacional, y si no nos aseguramos de entregar los incentivos correctos a quienes llevan el proceso educativo a cabo, no será posible crear y fortalecer la cultura del mérito. Suficiente evidencia existe ya que respalda la importancia del rol de los docentes en la enseñanza, y países con exitosas trayectorias educativas han demostrado que el fortalecimiento de la carrera docente es uno de los medios para lograrlo (aquí vale la pena ver los trabajos de Barber y

Mourshed de 2007). Condición básica es generar un sistema que atraiga a los mejores estudiantes a carreras de educación, pues son ellos los que formarán y educarán a las próximas generaciones. Esto debe ir acompañado con mejoras en las condiciones laborales que permitan mantener a los buenos docentes dentro del sistema educativo, evitando que migren a otros sectores seducidos por condiciones menos adversas.

3. El fortalecimiento de la educación pública: la única forma de tener un sistema educativo que premie el mérito y el esfuerzo de todos sus ciudadanos es asegurándose de que solo educación de calidad sea facilitada a todos. A pesar de que la educación en México ha mejorado sustancialmente en las últimas décadas —tanto en cobertura como en calidad—, aún el 41% de los jóvenes mexicanos de 15 años no entiende bien lo que lee (según los resultados del examen PISA de 2012). Sin un sistema educativo público de calidad que llegue a todos los niños, niñas y jóvenes mexicanos y que potencie de la mejor manera sus habilidades y destrezas, no será posible que quienes cuenten con el mérito y esfuerzo necesario accedan a las posiciones de poder económico, político y social en el país. En suma, un sistema de educación pública en el que convivan niños, niñas y jóvenes de distintas clases sociales derivará en un país menos segregado, mejorando el capital social y cultural de estudiantes de distintos contextos socioeconómicos y evitando que las posiciones de poder se sigan distribuyendo dentro de una misma élite.

4. Las políticas de discriminación positiva compensatorias: a estas alturas ya se ha establecido la importancia que tienen el esfuerzo individual, el trabajo y el rigor ético y moral en la conformación de una sociedad en la que el mérito tenga un rol central en la distribución de los lugares en la jerarquía social. Sin embargo, si consideramos el contexto de enorme desigualdad que actualmente existe en México, no se pueden pasar por alto los determinantes sociales y económicos que afectan las oportunidades de los niños y niñas más desaventajados. Como en muchos otros países, en México los jóvenes de niveles socioeconómicos más bajos obtienen resultados significativamente más bajos que los de los niveles más altos; así quedó evidenciado en la medición de 2012 del examen PISA. En este contexto, la necesidad de diseñar políticas que fortalezcan el proceso educativo de quienes se encuentran en posiciones menos afortunadas se hace evidente. Muchas veces, al nacer en contextos más marginados socioculturalmente, el trabajo y el esfuerzo por sí solos no son suficientes; se requieren recursos y esfuerzos para potenciar el aprendizaje de estos jóvenes de manera que su mérito y esfuerzo se demuestre.

5. La educación superior: otro de los desafíos que el sistema educativo mexicano tiene para convertirse en un vehículo real del mérito es aumentar la cobertura de la educación superior. Como mencioné anteriormente, en México dos de cada cien niños llega a la educación superior. Si no se cuenta con un nivel educativo superior más inclusivo, difícilmente las habilidades, el esfuerzo y el trabajo de los jóvenes mexicanos podrán ser evidenciados y utilizados para beneficio del país.

Defendiendo el país de nosotros

Finalmente, grandes cosas pueden pasar cuando se es persistente y se lucha por una causa justa. Fiel reflejo de este espíritu es lo logrado por la asociación civil Mexicanos Primero, la cual, luego de dos años de lucha, consiguió que la Suprema Corte de Justicia de la Nación le diera la razón en marzo de 2015, avalando su interés legítimo para promover un juicio de amparo contra la Auditoría Superior de la Federación por sus omisiones en la fiscalización de los recursos destinados a la educación. "Esta resolución de nuestro máximo tribunal es un gran avance en materia de defensa del derecho a la educación de calidad y de los derechos humanos en general, pues abre la posibilidad de que, en futuras ocasiones, no solo seamos nosotros quienes defiendan el derecho de los niños, y de las personas, sino otras organizaciones de la sociedad civil que acudan a nuestras cortes para hacerlo exigible", señala Mexicanos Primero en su sitio web. Y es que no es un avance menor. El precedente que este caso sienta es la posibilidad real de la defensa jurídica de los derechos que emanan de nuestra Constitución, sobre todo los derechos sociales, abandonados por un Estado que desde hace rato dejó indefensos a sus ciudadanos.

El hito, que recibió votación unánime de los cinco ministros, permitirá en el futuro a otras organizaciones de la sociedad civil que defiendan los derechos humanos y sociales de terceras personas. El caso de Mexicanos Primero, quienes hábilmente utilizaron las cuentas públicas de los ejercicios de 2009 y 2010, debiera asegurar que la Auditoría Superior de la Federación regrese los recursos desviados, estimados en más de $30 mil millones de pesos, que no llegaron a las escuelas, no solo por su uso distinto al que la ley los obliga, sino por la violación del derecho a la educación y el perjuicio que eso trae para miles de niños y niñas.

La educación es un derecho humano fundamental y sin el cual el ejercicio de los demás derechos se ve drásticamente limitado. Todos los seres humanos somos un fin en sí mismo y, por ende, todos poseemos y merecemos la misma dignidad.

Apelar a este sentido ético, reconocer que todo mexicano es digno de derechos, es un hábito que debemos cultivar como parte de la nueva cultura del mérito. Es algo que debe remover nuestras consciencias de ahora en adelante. Hoy, una organización de la sociedad civil ha mostrado que las cosas están cambiando; y seguirán cambiando. Si queremos avanzar hacia una verdadera sociedad que reconozca, respete y valore el mérito, los ejercicios colaborativos como este deben pasar a ser una práctica y dejar de ser una anécdota. Por ello, una tercera propuesta de nuestra campaña #dalepoderalmérito es, precisamente, la de promover y apoyar este tipo de acontecimientos.

UN PEQUEÑO LLAMADO A LA ACCIÓN

México se encuentra en un momento crítico, un punto de inflexión en su historia moderna. Si llegaron leyendo hasta esta parte del libro, espero haberles demostrado que, como sociedad, hoy tenemos más herramientas que nunca para comprender y cambiar nuestra realidad. Espero haberles expresado y explicado de manera concluyente por qué considero necesario y urgente en nuestro país el reemplazo de la cultura que domina a nuestra élite, la cultura del privilegio, con su opuesta, la cultura del mérito. Y espero haberlos convencido de la propuesta central de este pequeño libro: que México debe volcarse nuevamente a la tarea de construir una meritocracia plena, buscando que el talento, la honestidad, la dedicación, la consciencia social y el rigor moral vuelvan a ser los pilares de nuestro liderazgo público, y del país que todos queremos.

Si llegaron a esta sección sin leer el resto del libro, no se preocupen. Todavía pueden ayudarnos a cambiar el país. Los invito a que participen en nuestra campaña: #dalepoderalmérito en la plataforma *Twitter*.

Más información en:
www.merito.mx

BIBLIOGRAFÍA

Acemoglu, Daron, Robinson, James, «Why nations fail», Estados Unidos, Crown Business, 2012.

Ackerman, John M., «Casos Aislados», La Jornada UNAM, México, 17 de febrero de 2015, consultado el 13 de marzo de 2015, http://www.jornada.unam.mx/2015/02/17/opinion/018a2pol —

—, «Aceptar la derrota», consultado el 21 de enero de 2015, http://www.jornada.unam.mx/2014/12/22/opinion/024a1pol

Aguilar Camin, Hector. «Precios ocultos de la democracia mexicana », consultado el 1 de febrero de 2015, http://www.milenio.com/firmas/hector_aguilar_camin_dia-con-dia/Precios-ocultos-democracia-mexicana_18_454934529.html

Aguilera, Rodrigo. «Democracy and the Mexican Disease», consultado el 23 de enero de 2015, http://m.huffpost.com/us/entry/6525626?utm_hp_ref=tw

Aleman, Ricardo. «AMLO: Presuntas ligas con el crimen organizado», consultado el 2 de febrero de 2015, http://www.eluniversalmas.com.mx/columnas/2015/02/110913.php

Álvarez, Antonio, «Nuestra imagen de la política popular: un caso de ceguera ilustrada», Horizontal, México, 9 de marzo de 2015, consultado el 12 de marzo de 2015, http://horizontal.mx/nuestra-imagen-de-la-politica-popular-un-caso-de-ceguera-ilustrada/

Alvarez, Luciano. «Un levantamiento olvidado», consultado el 15 de marzo de 2015, http://www.elpais.com.uy/opinion/levantamiento-olvidado.html.

Animal Político, «Así es como los partidos eligen a sus candidatos: sin participación de los militantes», consultado el 20 de marzo de 2015, http://www.animalpolitico.com/2015/03/los-partidos-eligen-a-sus-candidatos-sin-la-participacion-de-sus-militantes/ —

— , «Mexicanos sobreviven, pero no por su ingreso: México ¿Cómo vamos?», consultado el 5 de marzo de 2015, http://www.animalpolitico.com/2015/03/mexicanos-sobreviven-pero-por-su-ingreso-mexico-como-vamos/ —

— , «"Mientes", responde Calderón a Molinar Horcasitas», consultado el 28 de enero de 2015, http://www.animalpolitico.com/2015/01/mientes-responde-calderon-horcasitas-sobre-la-acusacion-de-que-impone-su-voluntad-en-el-pan/ —

— , «Lo que no entienden es que sí entendemos», consultado el 30 de enero de 2015, http://www.animalpolitico.com/blogueros-democratas-deliberados/2015/01/29/lo-que-entienden-es-que-si-entendemos/ —

— , «Pemex "deja pasar" casos de corrupción en la paraestatal, reporta Reuters», consultado el 23 de enero de 2015, http://www.animalpolitico.com/2015/01/pemex-deja-pasar-casos-de-corrupcion-en-la-paraestatal-reporta-reuters/

Antezana, Natalia. «PRI denuncia al PRI; desvelan red de corrupción con el IEE (VÍDEO)», consultado el 26 de enero de 2015, http://revoluciontrespuntocero.com/pri-denuncia-al-pri-develan-red-de-corrupcion-con-el-iee/

Arendt, Hannah, «Eichman in Jerusalem: A Report on the Banality of Evil», New York, The Vinking Press, 1963

Arteaga, Roberto. «¿Por qué México necesita una reforma de los jóvenes?», consultado el 7 de marzo de 2015, http://www.forbes.com.mx/por-que-mexico-necesita-una-reforma-de-los-jovenes/

Badillo, Miguel. «El fisco y los grandes contribuyentes / La evasión en la consolidación fiscal / Consienten a 422 grandes empresas», consultado el 9 de febrero de 2015, http://contralinea.info/archivo-revista/index.php/2013/11/15/el-fisco-los-grandes-contribuyentes-la-evasion-en-la-consolidacion-fiscalconsienten-422-grandes-empresas/

Barajas, Abel. «Quiere Gordillo su jaula de oro», consultado el 1 de marzo de 2015, http://www.elnorte.com/aplicacioneslibre/preacceso/articulo/default.aspx?id=477619&urlredirect=http://www.elnorte.com/aplicaciones/articulo/default.aspx?id=477619

Barber, M., & Mourshed, M. «How the word´s best - performing school systems come out on top», McKinsey & Company, 2007.

Barbosa, Miguel, en «El fuero 'poco ayuda y mucho estorba' a la rendición de cuentas», CNN México, 30 de marzo de 2015, consultado el 1 de abril de 2015,
http://www.cnnmexico.com/nacional/2015/03/30/el-fuero-poco-ayuda-y-mucho-estorba-a-la-rendicion-de-cuentas-barbosa

Barlett, Donald L., Steele, James B., The Betrayal of the American Dream, Estados Unidos, Public Affairs, 2012.

Beltrán del Río, Pascal, «Democracia cara y pobre», Excelsior, México, 23 de febrero de 2015, consultado el 19 de marzo de 2015,
http://www.excelsior.com.mx/opinion/pascal-beltran-del-rio/2015/02/23/1009805 —

— , «Democracia cara y pobre», Excelsior, México, 23 de febrero de 2015, consultado el 23 de febrero de 2015,
http://www.excelsior.com.mx/opinion/pascal-beltran-del-rio/2015/02/23/1009805

Bohórquez, Eduardo. «¿Qué tan corruptos somos los mexicanos?», consultado el 29 de enero de 2015,
http://www.animalpolitico.com/blogueros-blog-invitado/2015/01/29/que-tan-corruptos-somos-los-mexicanos/

Brand, Russell, «Revolution», Reino Unido, Random House, 2014.

Bravo Regidor, Carlos. «La rebelión de las élites», El Siglo de Torreón, 24 de febrero de 2015, consultado el 4 de marzo de 2015,
http://www.elsiglodetorreon.com.mx/noticia/1090222.la- rebelion-de-las-elites.html —

— , «Pensar el peñanietismo (segunda parte)», El Universal, 13 de enero de 2015, consultado el 28 de febrero de 2015,
http://m.eluniversal.com.mx/notas/articulistas/2015/01/74299.html

Briggs, Asa. «The Labour Party as Crucible » en Dench, Geoff. «The Rise and Rise of Meritocracy », Oxford, 2006.

Camarena, Salvador, «Del por qué luego nadie les cree», El Financiero, México, 4 de marzo de 2015, consultado el 5 de marzo de 2015,
http://www.elfinanciero.com.mx/opinion/del-por-que-luego-nadie-les-cree.html

Carlin, John, «Mandela Superstar», El País, España, 16 de junio de 1999, consultado el 26 de febrero de 2015,

http://elpais.com/diario/1999/06/16/internacional/929484015_8502
15.html

Casar, Maria Amparo, « De buenas leyes y malos gobernantes », Excelsior,
25 de marzo de 2015, consultado el 27 de marzo de 2015,
http://www.excelsior.com.mx/opinion/maria-amparo-
casar/2015/03/25/1015413 —

—, «¡Conoce a tus candidatos... y a tus partidos!», consultado el 4 de marzo
de 2015, http://www.excelsior.com.mx/opinion/maria-amparo-
casar/2015/03/04/1011506#.VPbZjR-d5Ws.twitter

Castañeda, Jorge G., Aguilar Camín, Héctor, «Regreso al Futuro», Nexos,
México, 1 de diciembre de 2010, consultado el 10 de marzo de 2015,
http://www.nexos.com.mx/?p=14042 —

—, «Mañana o pasado: El misterio de los mexicanos», México, Editorial
Aguilar, 2011.

Chapa, Ismael. «Con video joven balconea a MORENA y renuncia a su
candidatura 'ciudadana'», consultado el 7 de marzo de 2015,
http://laprimeraplana.com.mx/2015/03/06/con-video-joven-
balconea-a-morena-y-renuncia-a-su-candidatura-ciudadana/

Colosio, Luis Donaldo «Discurso de Luis Donaldo Colosio Al aceptar la
Precandidatura del PRI a la Presidencia de la República», consultado el
14 de marzo de 2015,
http://www.bibliotecas.tv/colosio/discursos/candidato28nov93.htm

Consulta Mitofsky, en «Ranking: ¿Qué instituciones generan más (y menos)
confianza?», ADN Político, consultado el 29 de marzo de 2015,
http://www.adnpolitico.com/gobierno/2014/04/22/ranking-que-
instituciones-generan-mas-y-menos-confianza

Cruz, Carlos, «MexicoLeaks es una opción de construcción democrática»,
Animal Político, México, 17 de marzo de 2015, consultado el 18 de
marzo de 2015, http://www.animalpolitico.com/blogueros-cauce-
ciudadano/2015/03/17/mexicoleaks-es-una-opcion-de-construccion-
democratica/

De la Calle, Luis. «¿Qué más?», consultado el 6 de marzo de 2015,
http://m.eluniversal.com.mx/notas/columnistas/2015/02/111350.ht
ml —

— , «Confianza, autoridad moral y justos por pecadores», consultado el 26 de febrero de 2015.
http://www.eluniversalmas.com.mx/columnas/2015/02/111350.php

De Mauelón, Hector. «Usted dice, Señor Presidente», consultado el 24 de febrero de 2015, http://linkis.com/com.mx/yrBBg

De Regil, Miriam, «SCJN otorga amparo a Mexicanos Primero», El Financiero, México, 11 de marzo de 2015, consultado el 23 de marzo de 2015, http://www.elfinanciero.com.mx/nacional/scjn-otorga-amparo-a-mexicanos-primero.html

Del Paso, Fernando, en «Del Paso lamenta la violencia al recibir el Premio Pacheco», [Discurso Completo], Proceso, México, 7 de marzo de 2015, consultado el 28 de marzo de 2015, http://www.proceso.com.mx/?p=397896

Del Toro, Guillermo, en « vive México una descomposición social histórica », La Jornada, consultado el 28 de marzo de 2015, http://www.jornada.unam.mx/ultimas/2015/03/09/mexico-vive-en-la-201cley-del-viejo-oeste201d-dice-guillermo-del-toro-8989.html

Dench, Geoff, «Meritocracy and the fair society», Policy Network, Reino Unido, 4 de octubre de 2012, consultado el 1 de marzo de 2015, http://www.policy-network.net/pno_detail.aspx?ID=4264&title=Meritocracy-and-the-fair-society

Diario Oficial de la Federación, «DECRETO por el que se expide la Ley Federal de Consulta Popular», México, 14 de marzo de 2014, consultado el 23 de marzo de 2015, http://www.dof.gob.mx/nota_detalle.php?codigo=5337123&fecha=14/03/2014

Dolan, Kerry. «Finding Mexico's Missing Billionaires», consultado el 28 de enero de 2015, http://www.forbes.com/sites/kerryadolan/2011/03/30/finding-mexicos-missing-billionaires/

Dresser, Denise, «Carta para Santa Claus», Proceso, México, 27 de diciembre de 2014, consultado el 6 de marzo de 2015, http://hemeroteca.proceso.com.mx/?page_id=278958&a51dc26366d99bb5fa29cea4747565fec=391661&rl=wh —

— , «El país de uno», México, Aguilar, 2005.

—, «Gobierno Legal», consultado el 26 de enero de 2015, http://www.reforma.com/aplicacioneslibre/preacceso/articulo/default.asp x?id=54880&urlredirect=http://www.reforma.com/aplicaciones/editoriale s/editorial.aspx?id=54880

Dworak, Fernando, «¿Y si aplicamos la Constitución del 17 sin cambios?», Sin Embargo, México, 18 de marzo de 2015, consultado el 18 de marzo de 2015, http://www.sinembargo.mx/opinion/18-03-2015/32842

El Economista. «Extesorero de SME acepta desvío por 66 mdp a AMLO», consultado el 23 de enero de 2015, http://eleconomista.com.mx/sociedad/2012/06/27/luz-fuerza-centro-presenta-queja-lopez-obrador

Elizondo Mayer-Zerra, Carlos,. «La insurrección en Guerrero», consultado el 23 de enero de 2015, http://m.excelsior.com.mx/opinion/carlos-elizondo-mayer-serra/2015/01/22/1004029 —

—, «Por eso estamos como estamos: La economía política de un crecimiento mediocre», México, Debate Random House Mondadori, 2011

Ferdinand, Mount. «The Unmaking of the English Working Class», en Dench, Geoff. «The Rise and Rise of Meritocracy », Oxford, 2006.

Fernández, Diego, «"La parranda local" y "El de atrás paga"», Milenio, México, 23 de febrero de 2015, consultado el 5 de marzo de 2015, http://www.milenio.com/firmas/diego_fernandez_de_cevallos_sin_r odeos/parranda-local-paga_18_469933018.html

Flores, Linaloe. «Anclado por el descrédito, el PRI llevará a la Cámara gente con olor a tele y a show», consultado el 1 de marzo de 2015, http://www.sinembargo.mx/01-03-2015/1266670

Flores, Onésimo, «Moreira III», El Siglo de Torreón, México, 26 de febrero de 2015, consultado el 6 de marzo de 2015, http://www.elsiglodetorreon.com.mx/noticia/1090874.moreira-iii.html

Forbes (s.a.), «El Aprueba INE presupuesto de 5,356 mdp para partidos en 2015», Forbes, México, febrero de 2015, consultado el 23 de marzo de 2015, http://www.forbes.com.mx/aprueba-ine-presupuesto-de-5356-mdp-para-partidos-en-2015/

Friedersdorf, Conor, «The Cult of Smartness: How Meritocracy Is Failing America», The Atlantic, Estados Unidos, 14 de junio de 2012, consultado el 18 de febrero de 2015, http://www.theatlantic.com/politics/archive/2012/06/the-cult-of-smartness-how-meritocracy-is-failing-america/258492/

Fukuyama, Francis, «'Our Kids: the American Dream in Crisis', by Robert Putnam», Financial Times, 6 de marzo de 2015, consultado el 18 de marzo de 2015, http://www.ft.com/intl/cms/s/0/6b7cd1f0-c1c1-11e4-bd24-00144feab7de.html#axzz3WmyUanw8

Gaitán Uribe, Ana. « La dictadura perfecta», consultado el 23 de enero de 2015, http://www.animalpolitico.com/blogueros-blog-invitado/2015/01/23/la-dictadura-perfecta/

Galarza, Vasquez. «En Grupo Bimbo despiden a empleada por embarazo», consultado el 9 de febrero de 2015, http://www.jornada.unam.mx/2005/08/01/informacion

Galván, Ilse, «Se registra Luis Farías en dos candidaturas», Dominio, México, 17 de marzo de 2015, consultado el 19 de marzo de 2015, http://dominio.fm/se-registra-luis-farias-en-dos-candidaturas/

García Moreno, Juan Pablo, « Todo Mal: Vivir el desencanto », El Supuesto, 25 de marzo de 2015, consultado el 27 de marzo de 2015, http://blog.elsupuesto.com/columnas/2015/03/todo-mal-vivir-el-desencanto/

García Soto, Salvador, «El precio de la toga de Medina», El Universal, México, 11 de marzo de 2015, consultado el 12 de marzo de 2015, http://www.eluniversalmas.com.mx/columnas/2015/03/111595.php

García, Imelda. «Mucho brinco y pocas curules», consultado el 5 de marzo de 2015, http://m.reporteindigo.com/nota.php?id=80015

Gaviria, Alejandro, «Meritocracia», Foro Económico, México, 19 de junio de 2012, consultado el 19 de marzo de 2015, http://focoeconomico.org/2012/06/19/meritocacia/

Goleman, Daniel, . «Emotional Intelligence», New York, Bentam Books, 2006.

González Iñárritu, Alejandro, en «El Estado es la corrupción», Reforma, consultado el 14 de marzo de 2015, http://www.reforma.com/aplicacioneslibre/preacceso/articulo/defaul

t.aspx?id=483768&v=4&urlredirect=http://www.reforma.com/aplica
ciones/articulo/default.aspx?id=483768&v=4

Grillo, Ioan. «How Mexicans Became Hollywood's Best Directors»,
consultado el 23 de febrero de 2015,
https://mail.google.com/mail/u/0/#inbox/14c419c0cc521d7f

Gutierrez Mendez, Gilardo. «¿Por qué ciudadanizar la educación en
México? », consultado el 4 de marzo de 2015,
http://www.forbes.com.mx/por-que-ciudadanizar-la-educacion-en-
mexico/

Hayes, Cristopher, «Twilight of the Elites: America after Meritocracy», New
York, 2012.

Horowitz, Irving Louis. «The Moral Economy of Meritocracy or, the
Unanticipated Triumph of Reform and the Failure of Revolution in
the West» en Dench, Geoff. «The Rise and Rise of Meritocracy »,
Oxford, 2006.

Huchim, Eduardo, en «Anclado por el descrédito, el PRI llevará a la Cámara
gente con olor a tele y a show», Sin Embargo, 1 de marzo de 2015,
consultado el 7 de marzo de 2015, http://www.sinembargo.mx/01-
03-2015/1266670

Hurtado, Guillermo. «Democracia y corrupción», La Razón, consultado el 7
de marzo de 2015,
http://www.razon.com.mx/spip.php?page=columnista&id_article=25
1213

Incide Social (a.c), en «Así es como los partidos eligen a sus candidatos: sin
participación de los militantes», consultado el 20 de marzo de 2015,
http://www.animalpolitico.com/2015/03/los-partidos-eligen-a-sus-
candidatos-sin-la-participacion-de-sus-militantes/ —

Informador (s.a.), «El INE recibe registro de candidatos independientes y
partidos políticos», Informador, México, 22 de marzo de 2015,
consultado   el 23 de marzo de 2015,
http://www.informador.com.mx/mexico/2015/582768/6/el-
inerecibe- registro-de-candidatos-independientes-y-partidos-
politicos.htm

Juárez, Benito, « Colección libre de citas y fráses célebres », consultado el 5
de marzo de 2015,
http://es.wikiquote.org/wiki/Benito_Ju%C3%A1rez

Kuan Yew, Lee, From Third World to First: Singapore and the Asian Economic Boom, Estados Unidos, Harper Business, 2011.

Laborde, Maria Marvan, « ¿Quién es candidato? », consultado el 5 de marzo de 2015, http://m.excelsior.com.mx/opinion/maria-marvan-laborde/2015/03/05/1011702

Levy, Daniel y Bruhn. Kathleen. «Mexico. The Struggle for Democratic Development». California, University of California Press, 2001.

Lezema, Emilio, «La Clase Divina Mexicana», El Universal, México, 21 de febrero de 2015, consultado el 4 de marzo de 2015, http://m.eluniversal.com.mx/notas/articulistas/2015/02/74966.html

López Dóriga, Joaquín, «Detienen a exfuncionario de Pronósticos», 10 de febrero de 2015, consultado el 3 de marzo de 2015, http://www.lopezdoriga.com/detalle/24906/nacional/justicia/detienen-a-exfuncionario-de-pronosticos

López, Mayolo. «No soy compadre de Peña.- Medina Mora», consultado el 3 de marzo de 2015, http://www.elnorte.com/aplicacioneslibre/preacceso/articulo/default.aspx?id=478889&urlredirect=http://www.elnorte.com/aplicaciones/articulo/default.aspx?id=478889

Maerker, Denise. «Amnistía para los políticos corruptos», consultado el 24 de febrero de 2015, http://www.eluniversalmas.com.mx/columnas/2015/02/111322.php

Martínez Huerta, David, «Ley de Transparencia solapa opacidad de legisladores: no reportan 70% de los recursos», Sin Embargo, México, 13 de marzo de 2015, consultado el 13 de marzo de 2015, http://www.sinembargo.mx/13-03-2015/1280138

Martinez, Jan. «México, nuestro pobre México», consultado el 11 de marzo de 2015, http://cultura.elpais.com/cultura/2015/03/11/actualidad/1426037939_055636.html

Mendoza Lemus, Gustavo. «"Para ser buen mexicano no es necesario tener que radicar en México" », consultado el 6 de febrero de 2015, http://www.milenio.com/monterrey/Rogelio_-Roger-_Nevares-Crossing_That_Bridge_0_458954131.html

Mexicanos Primero (s.a.), «La SCJN resuelve amparo a favor de Aprender

Primero», Mexicanos Primero, 11 de marzo de 2015, consultado el 23 de marzo de 2015, http://www.mexicanosprimero.org/index.php/central-de-prensa/boletines/106-la-scjn-resuelve-amparo-a-favor-de-aprender-primero

Meyer, Lorenzo, «Un proyecto en vilo», Reforma, 26 de marzo de 2015, consultado el 28 de marzo de 2015, http://www.reforma.com/aplicaciones/editoriales/editorial.aspx?id=5 9228

Molano, Manuel J., «Dios nos libre de un peluquero sin licencia», Capital México, México, 10 de marzo de 2015, consultado el 12 de marzo de 2015, http://capitalmexico.com.mx/index.php/contrapesos-detalle/75633-dios-nos-libre-de-un-peluquero-sin-licencia

Monge, Emiliano, en «México, nuestro pobre México», El País, 11 de marzo de 2015, consultado el 12 de marzo de 2015, http://cultura.elpais.com/cultura/2015/03/11/actualidad/142603793 9_055636.html

Montalvo, Tania L., «Así es como los partidos eligen a sus candidatos: sin participación de los militantes», Animal Político, México, 18 de marzo de 2015, consultado el 20 de marzo de 2015, http://www.animalpolitico.com/2015/03/los-partidos-eligen-a-sus-candidatos-sin-la-participacion-de-sus-militantes/

Morales, César, «¿Por qué perdonamos (electoralmente) a los corruptos?», Nexos, México, 21 de enero de 2015, consultado el 21 de enero de 2015, http://redaccion.nexos.com.mx/?p=6729

Moreno, Daniel. «El Partido Verde y nuestro fracaso », consultado el 21 de enero de 2015, http://www.maspormas.com/opinion/columnas/el-partido-verde-y-nuestro-fracaso-por-dmorenochavez

Naím, Moisés, The End of Power: From Boardrooms to Battlefields and Churches to States, Why Being In Charge Isn't What It Used to Be, Estados Unidos, Basic Books, 2013

Navarro, Andrés, «La riqueza; entre las herencias y la corrupción», 012, México, 23 de febrero de 2015, consultado el 4 de marzo de 2015, http://www.012.mx/otras-firmas/autor/675-andresnavarro

Newell Garcia, Roberto, «El Estado y los moches clientelares», consultado el 7 de marzo de 2015, http://imco.org.mx/politica_buen_gobierno/el-estado-y-los-moches-clientelares

O'Neil, Shannon, « Social Mobility in Mexico», consultado el 23 de enero de 2015, http://blogs.cfr.org/oneil/2013/05/09/social-mobility-in-mexico/

Obama, Barak, «The Audacity of Hope. Thoughts on reclaiming the American Dream», Canongate, 2006.

OCDE. «Attracting, Developing and Retaining Effective Teachers - Country Background Reports». Consultado el 22 de Noviembre de 2012, de http://www.oecd.org/edu/preschoolandschool/attractingdevelopinga ndretainingeffect —

— , «Starting Strong II: early childhood education and care». Paris, OECD, 2006.

Ogg, Jim. « Meritocracy in the Civil Service» en Dench, Geoff. «The Rise and Rise of Meritocracy », Oxford, 2006.

Orozco, Víctor, «Los valores republicanos y los nuevos huehuenches», Acento Veintiuno, México, 13 de marzo de 2015, consultado el 16 de marzo de 2015, http://acentoveintiuno.com/?Los-valores-republicanos-y-los

Ortega Juarez, Joel. «¿Hasta cuándo seguirá la farsa?», consultado el 7 de marzo de 2015, http://www.milenio.com/firmas/joel_ortega_juarez/seguira-farsa_18_477132297.html

Palma, Samuel, «A diez años, Colosio habla», México, Fundación Academia Metropolitana, 2004.

Panqueva, Jaime. «La otra desigualdad», consultado el 28 de febrero de 2015, http://zonafranca.mx/la-otra-desigualdad/

Quesada, Juan Diego. «Más que niño bien, 'mirrey'», consultado el 9 de marzo de 2015, http://elpais.com/elpais/2015/03/06/estilo/1425645258_606363.ht ml

Quezada, Abel. «¿Qué haremos para acabar con la corrupción? », consultado el 24 de febrero de 2015, http://www.andaryver.mx/ideas/caricatura/que-haremos-para-acabar-con-la-corrupcion/ .

Radden Keefe, Patrick. «Corruption and Revolt Does tolerating graft undermine national security?», consultado el 20 de enero de 2015, http://emiguel.econ.berkeley.edu/assets/miguel_media/387/The_Ne w_Yorker_Corruption_and_Revolt___Does_Tolerating_Graft_Under mine_National_Security.pdf

Raphael, Ricardo, «Mirreynato: La otra desigualdad», México, Temas de Hoy, 2014.

Regil Velasco, Armando. «Revertir la mexicanización», consultado el 5 de marzo de 2015, http://internacional.elpais.com/internacional/2015/02/26/actualidad /1424906469_848670.html

Reuters, «México mira hacia otro lado mientras contratistas despluman a la petrolera Pemex», 23 de enero de 2015, consultado el 24 de marzo de 2015, http://lta.reuters.com/article/businessNews/idLTAKBN0KW22G20 150123

Reyes Heroles, Federico. «Entre infieles», consultado el 24 de febrero de 2015, http://m.excelsior.com.mx/opinion/federico-reyes-heroles/2015/02/24/1009997

Roberts, Yvonne. «Marginalised Young Men», en Dench, Geoff. «The Rise and Rise of Meritocracy», Oxford, 2006.

Roldán, Nayeli, «Nace Méxicoleaks, una plataforma independiente para combatir la corrupción», Animal Político, México, 10 de marzo de 2015, consultado el 10 de marzo de 2015, http://www.animalpolitico.com/2015/03/nace-mexicoleaks-una-plataforma-independiente-para-combatir-la-corrupcion/

Rubio, Luis, «Mexico under Fox», Boulder, CO, Lynne Rienner Publishers, 2004.—

— , «Una Utopia mexicana: El Estado de derecho es posible», Woodrow Wilson International Center for Scholars, Estados Unidos, 2015 http://www.wilsoncenter.org/sites/default/files/Mexican_Utopia_Sp anish.pdfParis, OECD, 2006.

Rulfo, Juan Carlos. ¡De Panzazo! [Vídeo] 2012.

Salazar Slack, Ana María, «Manual de liderazgo para no ser un líder jurásico», México, Santillana Ediciones Generales, 2009.

Santa Cruz, David, « Cantinflas y la política», Forbes, 25 de septiembre de 2014, consultado el 17 de febrero de 2015 , http://www.forbes.com.mx/cantinflas-y-la-politica/

Salinas de Gortari, Carlos, México: un paso difícil a la modernidad, México, Plaza & Janés Editores, 2000.

Silva Herzog, Jesús, «Imágen y Obra Escogida», México, Universidad Nacional Autónoma de México, 1989.

Sin autor, « How Meritocracy Entrenches Inequality», consultado el 17 de febrero de 2015 , https://singaporearmchaircritic.wordpress.com/2013/09/09/how...1° f92/17/15

Sin autor, « Las razones de los legisladores para no hacer público su patrimonio», consultado el 18 de febrero de 2015, http://www.milenio.com/politica/declaracion_patrimonial-declaracion_de_intereses-legisladores_3_de_3-3_de_3_0_466153554.html

Sin autor, «"Estuve hablando con obispos mexicanos y la cosa es de terror": Papa Francisco», consultado el 1 de marzo de 2015, http://aristeguinoticias.com/2302/mexico/estuve-hablando-con-obispos-mexicanos-y-la-cosa-es-de-terror-papa-francisco/

Sin autor. «¿Cómo salvar a México?», consultado el 7 de marzo de 2015, http://www.eluniversal.com.mx/editoriales/50449.html

Sin autor. «"Middle-class economics".Barack Obama tries to set the tone for 2016», consultado el 25 de enero de 2015, http://www.economist.com/news/united-states/21640351-barack-obama-tries-set-tone-2016-middle-class-economics

Sin autor. «A Summary: The Hidden Money Buying Condos at the Time Warner Center», consultado el 7 de febrero de 2015, http://mobile.nytimes.com/2015/02/08/nyregion/the-hidden-money-buying-up-new-york-real-estate.html?referrer=&_r=1

Sin autor. «Afloran más magnates mexicanos en escándalo HSBC», consultado el 9 de febrero de 2015, http://hilodirecto.com.mx/afloran-mas-magnates-mexicanos-en- escandalo-hsbc/

Sin autor. «America's elite. An hereditary meritocracy», consultado el 25 de enero de 2015, http://www.economist.com/news/briefing/21640316-children-rich-and-powerful-are-increasingly-well-suited-earning-wealth-and-power.

Sin autor. «Atribuye NYT más propiedades a Murat», consultado el 12 de febrero de 2015, http://www.elnorte.com/aplicacioneslibre/preacceso/articulo/default.aspx?id=461847&urlredirect=http://www.elnorte.com/aplicaciones/articulo/default.aspx?id=461847

Sin autor. «Desde islas hasta presas: la vida de lujo de los políticos mexicanos», consultado el 2 de marzo de 2015, http://ciudadanosenred.com.mx/desde-islas-hasta-presas-la-vida-de-lujo-de-los-politicos-mexicanos/

Sin autor. «Education and class. America's new aristocracy», consultado el 25 de enero de 2015, http://www.economist.com/news/leaders/21640331-importance-intellectual-capital-grows-privilege-has-become-increasingly

Sin autor. «Encuesta: en los dos primeros años de Peña Nieto aumentó la corrupción», consultado el 23 de febrero de 2015, http://aristeguinoticias.com/2102/mexico/encuesta-con-pena-nieto-aumento-la-corrupcion/

Sin autor. «Hermanos de operador de EPN, millonarios de la noche a la mañana», consultado el 28 de enero de 2015, http://www.proceso.com.mx/?p=307662

Sin autor. «La envidia y el síndrome de Solomon», consultado el 26 de febrero de 2015, http://elpais.com/elpais/2013/05/17/eps/1368793042_628150.html

Sin autor. «Otra Cámara "junior"», consultado el 10 de febrero de 2015, http://www.milenio.com/firmas/joaquin_lopez-doriga

Sin autor. «Revelan vínculo de EPN con empresario», consultado el 21 de enero de 2015, http://www.elnorte.com/aplicacioneslibre/preacceso/articulo/default.aspx?id=444913&urlredirect=http://www.elnorte.com/aplicaciones/articulo/default.aspx?id=444913

Sin autor. «Se registra Lorenia como candidata independiente», consultado el 1 de marzo de 2015, http://www.milenio.com/politica/Lorenia_Canavati_independiente-alcaldia_San_Pedro-Lorenia_alcaldia_San_Pedro_0_472152877.html

Sin Embargo (s.a.), «Empresario revela cómo pagó a Diputado del Partido Verde por quedarse 6 meses la curul», Sin Embargo, México, 19 de febrero de 2015, consultado el 5 de marzo de 2015, http://www.sinembargo.mx/19-02-2015/1256225

Solórzano Zinser, Javier, «Transparencia», La Razón, México, 15 de marzo de 2015, consultado el 15 de marzo de 2015, http://www.razon.com.mx/spip.php?page=columnista&id_article=25 2188

Sopitas (s.a.), «Conoce las 10 batallas de #YaMeCansé #PorEsoPropongo», Sopitas, México, 3 de marzo de 2015, consultado el 8 de marzo de 2015, http://www.sopitas.com/site/451373-conoce-las-10-batallas-de-yamecanse-poresopropongo/

Székely, Ágata. «Filantrocapitalismo: la estrategia (no gratuita) de dar», consultado el 25 de enero de 2015, http://www.forbes.com.mx/filantrocapitalismo-la-estrategia-no-gratuita-de-dar/

Tenorio, Mauricio. «Somos memoria», consultado el 3 de febrero de 2015, http://www.nexos.com.mx/?p=23409

The New World Order, «The Meritocracy Party», consultado el 1 de marzo de 2015, http://armageddonconspiracy.co.uk/The-Meritocracy-Party(2543605).htm

Torres, Mauricio, « La Corte 'dice no' a las consultas energéticas del PRD y Morena », CNN México, 30 de octubre de 2014, consultado el 23 de marzo de 2015, http://mexico.cnn.com/adnpolitico/2014/10/30/la-suprema-corte-dice-no-a-la-consulta-energetica-de-morena

Ugalde, Luis C., «¿Por qué más democracia significa más corrupción?», Nexos, México, 1 de febrero de 2015, consultado el 6 de marzo de 2015, http://www.nexos.com.mx/?p=24049 —

— , «Sistema Nacional Anticorrupción», El Financiero, México, 3 de marzo de 2015, consultado el 4 de marzo de 2015, http://www.elfinanciero.com.mx/opinion/sistema-nacional-anticorrupcion.html —

— , «Una buena noticia para romper la impunidad», El Financiero, México, 17 de marzo de 2015, consultado el 18 de marzo de 2015, http://www.elfinanciero.com.mx/opinion/una-buena-noticia-para-romper-la-mpunidad.html

Vázquez, Abraham, «Limpian La Huasteca», El Norte, México, 8 de marzo de 2015, consultado el 9 de marzo de 2015, http://www.elnorte.com/aplicacioneslibre/preacceso/articulo/default.aspx?id=483436&urlredirect=http://www.elnorte.com/aplicaciones/articulo/default.aspx?id=483436

Vega, Ana Francisca, «Ciudadanos.MX: Twitter y el cambio político en México», México, Random House, 2011.

Villalobos, Baltazar, «El sueño de "mover a México" desde el ITAM», Grupo Milenio, México, 11 de marzo de 2015, consultado el 19 de marzo de 2015, http://www.milenio.com/blogs/qrr/sueno-mover-Mexico-ITAM_7_479422056.html

Walzer, Michael, «Las esferas de justicia: una defensa del pluralismo y la igualdad», México, Fondo de Cultura Económica, 2004.

Woldenberg, José. «Democracia y desesperanza», consultado el 28 de enero de 2015, http://www.letraslibres.com/revista/dossier/democracia-y-desesperanza?page=full

Young, Michael, «El ascenso de la meritocracia 1870-2033: ensayo sobre la educación y la igualdad», Tecnos, 1964.

Zaid, Gabriel, «La economía presidencial», México, Vuelta, 1987.

Zepeda Patterson, Jorge. «La jaula de Calderón», consultado el 7 de febrero de 2015, http://internacional.elpais.com/internacional/2015/01/21/actualidad/1421874302_148648.html—

— , «Mirreyes: nepotismo 2.0», consultado el 28 de febrero de 2015, http://www.sinembargo.mx/opinion/22-02-2015/32086

Zuckermann, Leo. «La fragmentación del poder en México», consultado el 21 de enero de 2015, http://m.excelsior.com.mx/opinion/leo-zuckermann/2015/01/21/1003814

ACERCA DEL AUTOR

Arturo Franco es un economista, escritor y emprendedor mexicano. Es co-fundador de Causas.org y miembro del consejo directivo de la Harvard Kennedy School. Trabajó para el Banco Mundial, el Foro Económico Mundial y el Centro para el Desarrollo Internacional en Harvard. Ha sido profesor de cátedra en el Tecnológico de Monterrey. Sus ensayos sobre los retos y avances de México han sido publicados por el Policy Network, *The Economist* y el Instituto de México en el Woodrow Wilson Center for International Scholars. Arturo escribe un blog quincenal en *Animal Político* y una columna mensual en la revista *Latin Trade*. Su primer libro, *The End of Nostalgia: Mexico Confronts the Challenges of Global Competition* (Brookings Institution, 2013) está también disponible en edición impresa y en eBook.

65988569R00099

Made in the USA
Lexington, KY
31 July 2017